Discorso di Girolamo Savonarola circa il reggimento, e governo degli stati, e specialmente sopra il governo della città di Firenze, si aggiunge un discorso del Savonarola quando fù spedito a Pisa ambasciatore a Carlo VIII

Girolamo Savonarola

Discorso di Girolamo Savonarola circa il reggimento, e governo degli stati, e specialmente sopra il governo della città di Firenze, ... si aggiunge un discorso del Savonarola quando fù spedito a Pisa ambasciatore a Carlo VIII. Rè di Francia per i Fiorenti

Savonarola, Girolamo
ESTCID: T138895
Reproduction from British Library
The imprint is false; printed in Florence by Migliorotto Maccioni? (Brunet).
Londra [i.e. Florence?] : MDCCLXV. Appresso Roberto Wilson, 1765.
iv,80p. ; 4°

Eighteenth Century
Collections Online
Print Editions

Gale ECCO Print Editions

Relive history with *Eighteenth Century Collections Online*, now available in print for the independent historian and collector. This series includes the most significant English-language and foreign-language works printed in Great Britain during the eighteenth century, and is organized in seven different subject areas including literature and language; medicine, science, and technology; and religion and philosophy. The collection also includes thousands of important works from the Americas.

The eighteenth century has been called "The Age of Enlightenment." It was a period of rapid advance in print culture and publishing, in world exploration, and in the rapid growth of science and technology – all of which had a profound impact on the political and cultural landscape. At the end of the century the American Revolution, French Revolution and Industrial Revolution, perhaps three of the most significant events in modern history, set in motion developments that eventually dominated world political, economic, and social life.

In a groundbreaking effort, Gale initiated a revolution of its own: digitization of epic proportions to preserve these invaluable works in the largest online archive of its kind. Contributions from major world libraries constitute over 175,000 original printed works. Scanned images of the actual pages, rather than transcriptions, recreate the works *as they first appeared.*

Now for the first time, these high-quality digital scans of original works are available via print-on-demand, making them readily accessible to libraries, students, independent scholars, and readers of all ages.

For our initial release we have created seven robust collections to form one the world's most comprehensive catalogs of 18th century works.

Initial Gale ECCO Print Editions collections include:

History and Geography
Rich in titles on English life and social history, this collection spans the world as it was known to eighteenth-century historians and explorers. Titles include a wealth of travel accounts and diaries, histories of nations from throughout the world, and maps and charts of a world that was still being discovered. Students of the War of American Independence will find fascinating accounts from the British side of conflict.

Social Science

Delve into what it was like to live during the eighteenth century by reading the first-hand accounts of everyday people, including city dwellers and farmers, businessmen and bankers, artisans and merchants, artists and their patrons, politicians and their constituents. Original texts make the American, French, and Industrial revolutions vividly contemporary.

Medicine, Science and Technology

Medical theory and practice of the 1700s developed rapidly, as is evidenced by the extensive collection, which includes descriptions of diseases, their conditions, and treatments. Books on science and technology, agriculture, military technology, natural philosophy, even cookbooks, are all contained here.

Literature and Language

Western literary study flows out of eighteenth-century works by Alexander Pope, Daniel Defoe, Henry Fielding, Frances Burney, Denis Diderot, Johann Gottfried Herder, Johann Wolfgang von Goethe, and others. Experience the birth of the modern novel, or compare the development of language using dictionaries and grammar discourses.

Religion and Philosophy

The Age of Enlightenment profoundly enriched religious and philosophical understanding and continues to influence present-day thinking. Works collected here include masterpieces by David Hume, Immanuel Kant, and Jean-Jacques Rousseau, as well as religious sermons and moral debates on the issues of the day, such as the slave trade. The Age of Reason saw conflict between Protestantism and Catholicism transformed into one between faith and logic -- a debate that continues in the twenty-first century.

Law and Reference

This collection reveals the history of English common law and Empire law in a vastly changing world of British expansion. Dominating the legal field is the *Commentaries of the Law of England* by Sir William Blackstone, which first appeared in 1765. Reference works such as almanacs and catalogues continue to educate us by revealing the day-to-day workings of society.

Fine Arts

The eighteenth-century fascination with Greek and Roman antiquity followed the systematic excavation of the ruins at Pompeii and Herculaneum in southern Italy; and after 1750 a neoclassical style dominated all artistic fields. The titles here trace developments in mostly English-language works on painting, sculpture, architecture, music, theater, and other disciplines. Instructional works on musical instruments, catalogs of art objects, comic operas, and more are also included.

The BiblioLife Network

This project was made possible in part by the BiblioLife Network (BLN), a project aimed at addressing some of the huge challenges facing book preservationists around the world. The BLN includes libraries, library networks, archives, subject matter experts, online communities and library service providers. We believe every book ever published should be available as a high-quality print reproduction; printed on-demand anywhere in the world. This insures the ongoing accessibility of the content and helps generate sustainable revenue for the libraries and organizations that work to preserve these important materials.

The following book is in the "public domain" and represents an authentic reproduction of the text as printed by the original publisher. While we have attempted to accurately maintain the integrity of the original work, there are sometimes problems with the original work or the micro-film from which the books were digitized. This can result in minor errors in reproduction. Possible imperfections include missing and blurred pages, poor pictures, markings and other reproduction issues beyond our control. Because this work is culturally important, we have made it available as part of our commitment to protecting, preserving, and promoting the world's literature.

GUIDE TO FOLD-OUTS MAPS and OVERSIZED IMAGES

The book you are reading was digitized from microfilm captured over the past thirty to forty years. Years after the creation of the original microfilm, the book was converted to digital files and made available in an online database.

In an online database, page images do not need to conform to the size restrictions found in a printed book. When converting these images back into a printed bound book, the page sizes are standardized in ways that maintain the detail of the original. For large images, such as fold-out maps, the original page image is split into two or more pages

Guidelines used to determine how to split the page image follows:

• Some images are split vertically; large images require vertical and horizontal splits.
• For horizontal splits, the content is split left to right.
• For vertical splits, the content is split from top to bottom.
• For both vertical and horizontal splits, the image is processed from top left to bottom right.

DISCORSO
DI
GIROLAMO SAVONAROLA

Circa il Reggimento, e Governo degli Stati, e specialmente
sopra il Governo della Città di Firenze, Composto
ad istanza degl' Eccelsi Signori al tempo
di Giuliano Salviati, Gonfaloniere
di Giustizia

SI AGGIVNGE VN DISCORSO
DEL SAVONAROLA

Quando fù spedito a Pisa Ambasciatore a Carlo VIII.
Rè di Francia per i Fiorentini

ED VN OPVSCOLO INEDITO
DI
FRANCESCO GVICCIARDINO
CELEBRE ISTORICO

Sopra la Riforma di Firenze fatto a Papa Clemente
dopo l' Assedio.

LONDRA MDCCLXV.
APPRESSO ROBERTO WILSON.

PREFAZIONE.

IL *Nome di* GIROLAMO SAVONAROLA, ed i suoi avvenimenti sono così cogniti al Pubblico, che superfluo sarebbe il parlarne. In quei pochi Anni che si trattenne in Firenze quanto Egli operasse, e come influisse negl' Affari Politici con le sue Prediche, e con le sue Visioni, agevol cosa è il dedurlo da tanti fatti strepitosi de quali ogn' Istoria è ripiena. Amatore dell' imaginaria libertà della Repubblica, fu uno de' più potenti Nemici della Casa de' Medici, ed il più feroce Repubblicano che congiurasse ai danni di quella: Onde essendo stato già cacciato dalla Città PIERO DE' MEDICI, e trattandosi dei modi di stabilire in conveniente forma il Governo Popolare, come ad Vomo in cui si aveva somma fiducia, fu ad Esso data la Commissione di parlare della Riforma avanti la Signoria, Capo della quale era in quel tempo GIVLIANO SALVIATI. Perciò verso il 1493. pronunziò questo Discorso, che fu poi nello stesso Secolo reso pubblico con le Stampe, forse di Francesco Buonaccorsi; mà essendosi tal Edizione in breve tempo fatta rarissima, e di essa quasiche spenta ogni me-

memoria, non trovandosi rammentata ne pure da quelli che utilmente si son dati la pena di trattare dei Frontespizi rari, abbiamo creduto bene per illustrare l'Istoria di quel tempo, di riprodurre al Pubblico un tal Discorso, in cui per modo di narrazione vi si detesta tutto ciò che precettivamente pare che scrivesse NIC. MACCHIAVELLO nel suo LIBRO DEL PRINCIPE. Un piccolo Discorso si seggiunge a quel Trattato, fatto dal Medesimo SAVONAROLA alla presenza di CARLO VIII. DI FRANCIA, e questo è tratto dal Libro delle Rivelazioni dove fu inserito dal suo Autore. Vi è in ultimo un Discorso del Celebre Istorico FRANCESCO GUICCIARDINI, composto per ordine di CLEMENTE VII. SOPRA LA RIFORMA DI FIRENZE. Fù questo ricopiato da un famoso Codice della BIBLIOTECA GADDIANA di FIRENZE, che ora per la Sovrana Munificenza dell' IMPERATORE FRANCESCO I., è divenuta una parte della MAGLIABECHIANA ove credo che questo prezioso Codice si conservi.

TRAT-

TRATTATO

DI FRATE HIERONIMO SAVONAROLA

Circa il Reggimento, e Governo della Città di Firenze.

AVendo scritto copiosamente, & con grande sapienza molti eccellenti Uomini, & d'ingegno, & di dottrina prestantissimi, del governo delle Città, e delli Regni, *Magnifici, ed Eccelsi Signori*, parmi cosa superflua componere altri libri di simil materia, non essendo questo, altro che multiplicare i libri senza utilità. Ma perchè le Signorie Vostre mi richiedono, non che io scriva del governo de' Regni, e delle Città in generale, ma che particolarmente tratti del nuovo governo della Città di Firenze quanto spetta al grado mio, lasciando ogni allegazione et superfluità di parole, et con più brevità che sia possibile, non posso onestamente denegare tal cosa, essendo convenientissima al stato vostro, et utile a tutto il Popolo, et necessaria al presente allo officio mio. Perche avendo io predicato molti anni per voluntà di Dio in questa vostra Città et sempre prosequitate quattro materie. cioè sforzatomi con ogni mio ingegno di provare la Fede esser vera, e di dimostrare la simplicità della vita christiana essere somma sapienza, et denunziare le cose future, delle quali alcune so-

A   no

no venute, et le altre di corto hanno a venire et ultimo di questo nuovo governo della vostra Città. E havendo già posto in scritto le tre prime, delle quali però non abbiamo ancora pubblicato il terzo libro intitolato Della Verità Profetica, resta che noi scriviamo ancora della quarta materia, acciocchè tutto il mondo veda che noi predichiamo scienza sana, et concorde alla ragione naturale et alla dottrina della Chiesa. Et avenga che mia intenzione fusse et sia di scrivere di questa materia in lingua latina, come sono ancora stati composti da noi li primi tre libri, et dichiarare come et quanto et quando si aspetta a uno religioso a trattare et impacciarsi delli stati seculari: nientedimeno chiedendomi le Signorie vostre che io scriva volgare et brevissimamente per più commune utilità, essendo pochi quelli che intendono il latino, a comparazione degli huomini litterati, non mi rincrescerà prima expedire questo trattatello, et dipoi quando potrò essere più libero dalle occupazioni presenti, metterò mano al latino con quella grazia che ci concederà l'onnipotente Dio. Prima adunque brevemente tratteremo dell' *ottimo Governo della Città di Firenze, Secondo del pessimo*. Perchè, avvenga che primi bisogni escludere il male, e dipoi edificare il bene, nientedimeno perchè il male è privatione del bene, non si poterà intendere il male se prima non si intendessi il bene: E però è necessario secondo l'ordine della dottri-

na

na, trattare prima del governo ottimo, che del pessimo: Terzo noi dichiareremo *qual sia il fondamento da torre via il governo pessimo, et da fondare et fare perfetto et conservare il presente buon governo, acciocchè diventi ottimo in essa Città di Firenze.*

TRATTATO PRIMO.

Che è necessario il governo nelle cose umane et quale sia buono et quale sia cattivo governo.

Cap. I.

L'Onnipotente Dio, il quale ottimamente regge tutto l'universo, in due modi infonde la virtù del suo governo nelle creature: Perochè nelle creature, che non hanno intelletto et libero arbitrio, infonde certe virtù et perfezioni, per le quali sono inclinate naturalmente ad andare per li debiti mezzi al proprio fine senza difetto, se già non sono impedite da qualche cosa contraria, il che accade rare volte. Onde tali creature non governano se medesime, ma sono governate et menate alli fini propri da Dio et dalla natura data da lui. Ma le creature, che hanno intelletto, come è l'Uomo, sono da lui per tale modo governate che ancora vuole che governino se medesime Perchè dà a loro il lume dell'intelletto, per lo quale possino conoscere quello che li

è uti-

è utile, e quello che li è inutile · et la facoltà del libero arbitrio da potere eleggere liberamente quello che a loro piace. Ma perche il lume dello intelletto è molto debo'e, massime nella puerizia, non può perfettamente un huomo reggere se medesimo senza adiutorio dell'altro huomo: essendo massime quasi ogni huomo particolare insufficiente per se medesimo, non potendo provedere solo a tutti li suoi bisogni, così corporali come spirituali. Onde noi vedimo che la natura hà provisto a tutti li animali di quello che hanno bisogno per la vita loro, cioè di cibo, di veste, et d'arme da difendersi: et ancora quando si fermano, per instinto naturale, si governano, et corrono al herbe medicinali, le quali cose non sono state proviste all'huomo. Ma Dio governatore del tutto, hà dato a lui ragione et lo instrumento delle mani, per le quali si possa per se medesimo preparare le predette cose. Et perchè considerata la fragilità del corpo humano, sono necessarie quasi infinite cose per nutrirlo, augumentarlo, et conservarlo, alla preparazione delle quali si richiedono molte arti, le quali sarìa impossibile, o molto difficile che si potessino havere tutte insieme da un'huomo solo, e stato necessario che li huomini vivino insieme, acciocchè uno ajuti l'altro, dando opera alcuni a una arte, et altri ad una altra, e facendo insieme tutto un corpo perfetto di tutte le scientie, et arti: Per la quale cosa bene è detto che chi vive solitalitario, o che è Dio, o che è una bestia: cioè, ò che e tanto perfetto huomo che è quasi come uno Dio in terra, perchè come Dio non ha bisogno di cosa alcuna, così lui non ha bisogno di adiutorio di alcuno huomo, come fù San Giovanni Batista, et San Paulo primo heremita, et molti altri O vero che è come una bestia, cioè, che è totalmente privato della ragione, però non si cura di vesti, ne di case, ne di cibi cotti et preparati, ne di conversazione di huomini, ma và seguitando lo istinto della parte sensitiva, rimossa da se ogni ragione. Perchè dunque si trovano pochissimi huomini che siano, ò di tanta perfezione, ò di tanta bestialità, excepti questi, tutti gli altri sono costretti a vivere in compagnìa, o in Città, o in Castelli, o in Ville, o in altri luoghi. Hora essendo la generazione umana molto proclive al male, et maxime quando è senza legge et senza timore, è stato necessario trovare la legge per raffrenare l' audacia degli cattivi huomini, acciocchè quelli che vogliono vivere bene, siano sicuri, et maxime perchè non è animale più cattivo dell' huomo, che è senza legge. Onde noi vediamo l' huomo goloso essere più avido, e più insaziabile incomparabilmente di tutti gli altri animali, non gli bastando tutti gli cibi, ne tutti gli modi di cuocergli che si trovano nel mondo, et cercando non di satisfare alla natura, ma al suo sfrenato desiderio. Et

A 2

simil-

similmente sopra tutti gli animali nella bestialità della lessuria, perocchè non serva come le bestie, ne tempi, ne modi debiti, anzi fà cose, che a pensarle, anzi a udirle, sono abominevoli, le quali ne fà, ne s' imagina di fare bestia alcuna. Nella crudeltà ancora gli supera, perchè non fanno le bestie così crudeli guerre insieme, massime quelle che sono d' una medesima specie, come fanno gli huomini, gli quali etiam trovano diverse armi da offenderfi, et diversi modi da martoriarsi, et ammazzarsi. Oltre a queste cose nelli huomini poi è la superbia, ambizione, et invidia: dalle quali ne seguita tra loro dissensioni, et guerre intollerabili. Et però essendo gli huomini necessitati a vivere in congregazione degli altri, volendo vivere in pace, e bisognato trovare le leggi, per le quali gli cattivi siano puniti, et gli buoni premiati. Ma perchè non appartiene a fare leggi se non a chi è superiore, et non si possono fare osservare se non da chi hà potestà sopra gli altri huomini, e stato necessario costituire chi abbia cura del ben commune, et chi abbia potestà sopra gli altri: Perchè cercando ogni huomo particolare il proprio bene, se qualchuno non havessi cura del ben commune, non poteria stare la conversazione umana, et tutto il mondo anderìa in confusione. Alcuni huomini dunque convennero insieme di constituire un solo, che avessi cura del ben commune, al quale ognuno obbedisse, et tale governo

verno fù dimandato *Regno*, et Re colui che governava. Alcuni altri, ò per non potere convenir in uno,
ò per parergli meglio così, convennero negli Principali, et Migliori, et più Prudenti della Communità, volendo che tali governassero, distribuendo tra loro gli
magistrati in diversi tempi, et questo fù domandato
Governo degli Optimati. Altri voltero che il governo ri-
manesse nelle mani di tutto il Popolo, il quale avesse
a distribuire gli Magistrati, a chi li paresse in diversi tempi, et questo fu chiamato *Governo Civile*, perchè appartiene a tutti gli cittadini. Essendo adunque il Governo
delle Comunita trovato per avere cura del ben comune,
acciocchè gli huomini possino vivere insieme pacifica-
mente, et darsi alle virtù, et conseguitare più facilmente la felicità eterna, quel governo e buono, il quale
con ogni diligenza cerca di mantenere, et accrescere il
ben comune, et indurre gli huomini alle virtù, et al
ben vivere, et massime al culto divino: Et quel governo è cattivo, che lascia il ben comune, et attende al
suo bene particolare, non curando delle virtù degli huomini, ne del ben vivere, se non quanto e utile al suo
ben particolare, et tale governo si chiama *Tirannico*, sicchè abbiamo viva la necessità del governo negli huomini, et quale è buono, et quale è cattivo governo in generale.

CA-

CAPITOLO II.

Che avvenga che il Governo di Vno, quando è buono,
sia di sua natura ottimo, non è però buono
a ogni Comunità.

ESsendo dunque quel Governo buono, che hà cura del ben comune, così spirituale, come temporale, ò sia amministrato per un solo, ò per gli principali del Popolo, ò per tutto il Popolo, e da sapere, che parlando assolutamente, il *Governo civile* è buono, et quello degli *Optimati* è migliore, et quello de' Re, e ottimo. Perchè essendo l' unione, et pace del Popolo il fine del governo, molto meglio si fà, et conserva questa unione, et pace per uno, che per più, et meglio per pochi, che per la moltitudine, perchè quando tutti gli huomini di una Comunità hanno a risguardare ad un solo, et quello ebbedire, non si distraggono in parte, ma tutti si costringono nell' amore, o nel timore di quello. Ma quando sono più, chi risguarda a uno, et chi ad un' altro, et a chi piace uno, et a chi piace, o dispiace un' altro, et non rimane il Popolo così bene unito, come quando uno solo regna, et tanto meno rimane unito, quanto sono piu quelli che governano. Item la virtù unita e più forte, che la dispersa: Onde il fuoco ha più forza quando ha unite, e costrette insieme

le

le sue parti, che quando le sono sparse et dilatate, Concio sia dunque che la virtù del governo sia più unita et constretta in Vno che in più, seguita che di sua natura il Governo di uno quando e buono, sia migliore, et più efficace degl' altri. Item essendo il governo del mondo, et della natura ottimo governo, et seguitando l'arte la natura, quanto più il governo delle cose umane s'assomiglia al governo del mondo, et della natura, tanto e più perfetto. Conciosia adunque che il mondo sia governato da Vno, che è Dio, et tutte le cose naturali, nelle quali si vede qualche governo, siano governate per Vno, come le Api per un Rè, et le potenze dell' anima per la ragione, et gli membri del corpo per il core, et simile è nell' altre, che hanno governo, seguita, che quel governo delle cose umane, che s'amministra per un governatore, di sua natura sia ottimo tra tutti gli governi. Onde il nostro Salvatore volendo mettere nella Chiesa sua ottimo governo, fece Pietro capo di tutti g'i fedeli, et in ogni Diocesi, anzi in ogni Parrocchia, e Monastero volle, che si governasse per uno, et che finalmente tutti gli capi minori fossero sotto un capo Vicario suo. Sicchè assolutamente parlando il governo d'uno quando è buono, supera tutti gl'altri buoni governi, et saria da instituire tale Governo in ogni Comunità se si potesse, cioè, che tutto il Popolo concordemente facesse un Principe buono, giusto, et

B   piùprudente, al quale ognuno aveſſi à obbedire: Ma e da notare, che queſto non è buono, ne ſi può, ne ſi debbe attentare in ogni Comunità, perchè molte volte accade che quello, che è ottimo aſſolutamente, non ſia buono, anzi ſia malo in qualchè luogo, o a qualchè perſona, come e lo ſtato della perfezione della vita ſpirituale, cioè lo ſtato religioſo, il quale in ſe è ottimo ſtato, et nientedimeno non è da imponere tale ſtato a tutti gli Criſtiani, ne tal coſa ſi debbe attentare, ne ſarìa buona, perchè molti non la poterìano portare, et farìano ſciſſura nella Chieſa, come dice il noſtro Salvatore nell' Evangelio: Niuno cucia il panno nuovo al vecchio, altrimenti ſi romperìa il vecchio, et farìaſi maggiore ſciſſura, et niuno metta il vino nuovo negl' utri vecchi, altrimenti ſi romperìano gl' utri, et ſpargerìaſi il vino: Onde noi vediamo ancora che qualchè cibo in ſe e buono, et ottimo, che a qualchuno ſe lo mangiaſſi farìa veleno, un aria in ſe perfetta, è cattiva a qualche compleſſione. Coſì etiam il *Governo di Vno* in ſe è ottimo, il quale però a qualche Popolo inclinato alle diſſenſioni farìa cattivo, et peſſimo, perchè ſpeſſo accaderìa la perſecuzione, et morte del Principe, dalla quale reſulterìano infiniti mali nella Comunità, perchè morto il Principe, il Popolo ſi dividerebbe in parte, et ne ſeguiterìa la guerra civile, facendoſi diverſi capi tra di quello, che ſuperaſſe gl' altri, diventerìa *Tiranno*, et finalnalmente guasterìa tutto il bene della Città, come dimoſtreremo di ſotto, et ſe in tale Popolo il Principe ſi voleſſi aſſicurare, et ſtabilirſi, ſarìa neceſſario, che lui diventaſſe Tiranno, et che ſcacciaſſe gli potenti, et toglieſſe la roba alli ricchi, et aggravaſſe il Popolo con molte angherìe, altrimenti non ſi poterìa mai aſſicurare. Sono dunque alcuni Popoli, la natura de' quali è tale, che non può tollerare il *Governo di Vno* ſenza grandi, et intollerabili inconvenienti: Come la compleſſione, et conſuetudine di alcuni huomini uſi a ſtare all' aria, et negli campi è tale, che chi gli voleſſe fare ſtare nelle buone, et calde camere con buone veſti, et cibi delicati gli farìa ſubito infermare, et morire, et però gli huomini ſavj, et prudenti, gli quali hanno a inſtituire qualchè governo, prima conſiderano *la natura del Popolo*, et ſe la natura ſua, o conſuetudine è tale, che facilmente poſſa pigliare il governo di uno, queſto innanzi agl'altri inſtituiſcono, ma ſe queſto governo non gli conveniſſe, ſi sforzano di dargli il ſecondo degl' Ottimati. Et ſe queſto ancora non lo poteſſi patire, gli danno il Governo civile con quelle leggi, che alla natura di tal Popolo ſi convengono. Ora vediamo quale di *queſti tre buoni Governi* più conviene al Popolo Fiorentino.

CA-

CAPITOLO III.

Che il Governo Civile è Ottimo nella Città di Firenze.

NOn si può dubitare (per chi considera diligentemente quello, che noi abbiamo detto) che se il Popolo Fiorentino patisse il *Governo di Vno*, saria da instituire in lui un *Principe*, non un *Tiranno*, il quale fussi prudente, giusto, e buono Ma se noi esaminiamo bene le sentenze, et ragioni degli sapienti, così Filosofi come Teologi, conosceremo chiaramente, che considerata la natura di questo Popolo, non gli conviene tale governo. Però che dicono tale governo convenirsi agli Popoli, che sono di natura servile, come sono quegli, che mancano di sangue, o d'ingegno, o dell'uno, et dell'altro, perocchè, avvengachè quegli che abbondano di sangue, et son forti di corpo, siano audaci nelle guerre, nientedimeno mancando d'ingegno, è facil cosa a fargli stare subiett a un Principe, perchè contro di lui non son facili a reclamare insidie per la debilità dell'ingegno, anzi lo seguitano come fanno le Api il suo Rè, come si vede negli *popoli aquilonarj*, et quegli, che hanno ingegno, ma mancano di sangue, essendo pusillanimi, si lasciano facilmente sottomettere a un solo Principe, et quietamente vivano sotto quello, come

fono

sono gli Popoli *Orientali*, et molto più quando mancassino nell' una, et nell' altra parte. Ma gli Popoli, che sono ingegnosi, et abondano di sangue, et sono audaci, non si possono facilmente reggere da Vno, se lui non gli tiranneggia, perchè continuamente per gl' ingegno vanno machinando insidie contro il Principe, et per la loro audacia facilmente le mettono in esecuzione, come si è visto sempre nell' Italia, la quale sappiamo per la esperienza degli tempi passati infino al presente, che non hà mai potuto durare sotto il Reggimento di un Principe; Anzi vediamo che essendo piccola Provincia, è divisa quasi in tanti Principi, quante sono le Città, le quali non stanno quasi mai in pace. Essendo dunque il Popolo Fiorentino ingegnosissimo tra tutti gli Popoli d' Italia, et sagacissimo nelle sue imprese, ancora è animoso, et audace, come si è visto per esperienza molte volte, perchè avvenga che sia dedito alle mercanzie, et che pare quieto Popolo, nientedimeno quando comincia qualche impresa, ò di guerra civile, ò contro gl' inimici esterni, e molto terribile, et animoso, come si legge nelle croniche delle guerre, che ha fatto contro diversi gran Principi, et Tiranni: *Alli quali non hà mai voluto cedere, anzi finalmente si è difeso*, et hà riportata vittoria. La natura dunque di questo Popolo non è di sopportare il Governo di un Principe, etiam che fosse buono, et perfetto, perchè essendo sempre più gli cattivi, che gli buoni, per la sagacità, et animosità de' Cittadini cattivi, e che sarìa tradito, et morto, essendo loro massimamente inclinati all' ambizione, o che bisogneria che diventasse Tiranno Et se più diligentemente consideriamo, intenderemo che non solo non conviene a questo Popolo il *Governo di Vno*, ma ancora non gli conviene quello *degli Ottimati*, perchè la consuetudine è un' altra natura, perocchè come la natura è inclinata a un modo, et non si può cavare di quello, come la pietra è inclinata a descendere, et non si può fare salire, se non per forza, così la consuetudine si converte in natura, et è molto difficile, et quasi impossibile cavare gli huomini, et massime gli Popoli, dalle loro consuetudini etiam male, perchè tali consuetudini son fatte al loro naturale. Ora il Popolo Fiorentino avendo preso anticamente il *Reggimento Civile*, hà in questo fatto tanta consuetudine, che, oltre che a lui questo è più naturale, et conveniente di ogn' altro Governo, ancora per la consuetudine è tanto impresso nella mente de' Cittadini, che sarà difficile, et quasi impossibile a rimuovergli da tale Governo. Et avvenga che siano stati già molti anni governati da Tiranni, nientedimeno quei Cittadini, che si usurpavano il Principato in questo tempo, non tiranneggiavano per tal modo, che liberamente si pigliassero la Signorìa del tutto, ma con grande astuzia governavano il Popolo, non lo

cavan-

cavando del suo naturale, et della sua consuetudine: Onde lasciavano la forma del Governo nella Città, et gli Magistrati ordinarj, avendo però l' occhio, che in tali Magistrati non entrasse se non chi era suo amico. Et però essendo rimasta la forma del *Governo Civile* nel Popolo, è tanto a lui fatta naturale, che a volerla alterare, et dare altra forma di Governo, non è altro, che fare contro al suo naturale, et contro l' antica consuetudine: La qual cosa genererìa tale turbazione, et dissensione in questa Comunità, che la metterìa a pericolo di fargli perdere tutta la libertà. Et questo molto meglio dichiara l' esperienza, che è maestra dell' arti: Perocchè ogni volta che nella Città di Firenze e stato occupato il Governo dagli Principali, sempre e stata in gran divisione, et mai si è quietata insino che una parte non hà scacciata l' altra, et che un Cittadino non è fatto Tiranno, il quale poichè e stato fatto, ha per tal modo usurpata la libertà, et il ben comune, che gli animi del Popolo sono sempre stati mal conterti, et inquieti, et se fù divisa, et piena di discordia negli tempi passati per l' ambizione, et per gl' odj degli Principali Cittadini, massimamente farìa al presente, *se Dio non gli avessi per sua grazia, et misericordia provisti,* essendo ritornati gli Cittadini, gli quali furono scacciati in diversi tempi da chi hà governato massime dal trentaquattro in quà, et essendosi in lei in questo tempo nutriti molti odj per

le

le ingiurie fatte a diverse case, et parentadi, per gli quali, se Dio non vi avesse posto la mano, si saria sparso di molto sangue, et disfatte molte case, et seguitate discordie, et guerre civili, così dentro come di fuori, et essendo state le cose, che sono state per la venuta del Rè di Francia, non e dubbio per alcuno che si è trovato in essa Città in questi tempi, et hà qualche giudizio, che questa era l'ultima sua destruzione; ma il consiglio, et Governo civile, il quale fù in lei fondato non da huomini, ma da Dio, e stato instrumento della Virtù Divina, mediante le orazioni degli buoni huomini, et Donne, che si trovano in lei, a mantenerla nella sua libertà. Et certo chi non hà totalmente per gli suoi peccati perso il giudizio naturale, considerando in quanti pericoli e stata da tre anni in quà, non può negare, che non sia stata governata, et conservata da Dio. Dunque concludiamo che, sì per l'autorità divina, dalla quale e proceduto il presente Governo civile, sì per le ragioni precedenti, nella Città di Firenze il Governo Civile è ottimo, benchè in se non sia ottimo, et il Governo di Vno, benchè in se sia ottimo, non e però buono, non che ottimo al Popolo Fiorentino, come lo stato della perfezione delli vita spirituale, e ottimo in se, benche non sia ottimo, ne buono a molti fedeli Cristiani, agli quali e ottimo qualche altro stato di vita, il quale in se non è ottimo. Abbiamo dunque dichiarato

rato il primo punto, cioè qual sia il Governo ottimo della Città di Firenze. Ora è tempo di dichiarare il secondo, cioè, qual sia il pessimo Governo in lei.

TRATTATO SECONDO

Che il Governo di Vno quando è cattivo, sia pessimo, massimo di quello, che di Cittadino è fatto Tiranno.

Cap I.

Come il *Regno di Vno* quando è buono, è ottimo tra tutti gli *Governi*, così ancora è più stabile, et non così facilmente si converte in *Tirannide*, come il *Regno di Più*: Perocchè quanto più si dilata il Governo, tanto diventa più facile a generare discordie, nientedimeno, come è perfetto, et più stabile, quando è buono, così quando è ingiusto, et cattivo, è pessimo di sua natura tra tutti gli cattivi Governi. Prima, perchè come il male è contrario al bene, così il pessimo è contrario all' ottimo. Essendo dunque il Governo di Vno, ottimo, quando è buono, seguita che sia pessimo quando è cattivo. Item, come habbiamo detto, la virtù unita è più forte, che quando ella è dispersa. Quando dunque regna un *Tiranno*, la virtù di tal cattivo Governo è unita in Vno, et perchè son sempre più gli cattivi, che gli buoni, et ogni simile, ama il suo simile, tutti gli cattivi huomini cercano di unirsi a lui, massime quegli, che desiderano di esser premiati, et onorati, et molti ancora si uniscono per timore, et quegli huomini, che in tutto non sono pravi, ma pure amano le cose terrene, ò per timore, ò per amore di quello, che desiderano, gli fanno coda, et quelli che sono buoni, ma non in tutto perfetti, per timore lo seguitano, et non hanno ardire di resistere, et trovandosi pochi huomini perfetti, anzi quasi niuno, tutta la Virtù del Governo si unisce in Vno: E però essendo quello Vno cattivo, et ingiusto, conduce ogni male a perfezione, et facilmente deprava ogni cosa buona. Ma quando sono più cattivi, che regnano, uno impedisce l'altro, et essendo la Virtù del Regno sparsa in più, non hanno tanta forza a far quel male, che desiderano, quanta hà un Tiranno solo. Item tanto un Governo è più cattivo, quanto più si parte dal ben comune: Perchè essendo il ben comune Fine di ogni buon Governo, quanto più si accosta a quello, tanto è più perfetto, et quanto più s'allunga da quello, tanto è più imperfetto: Perchè ogni cosa acquista la sua perfezione per accostarsi al suo fine, et discostandosi da quello, diventa imperfetto: Ma certa cosa è, che il Governo cattivo di molti si discosta meno dal ben comune, che quello di uno, perchè, avvenga che quelli più li più si usurpino il ben comune, e lo dividino tra loro, cioè l' Entrate, et le Dignità, nientedimeno rimanendo in più persone, in qualche modo tal bene riman comune. Ma quando tutto il ben comune si risolve in Vno, non rimane in parte alcuna comune, anzi diventa tutto particolare, et però il cattivo Governo di Vno tra gl' altri Governi è pessimo, perchè si parte più dal ben comune, et è più distruttivo di quello. Item queste ragioni sono ajutate dalla diuturnità, perchè il Governo di Vno di sua natura è più stabile, che quello di più, et non si può (benchè sia cattivo) così facilmente impedire, et spegnere, come quello di più, perchè gli membri vanno dietro al capo, et con gran difficoltà insorgono contro il capo: Et nel Governo del Tiranno è molto difficile a fare un capo contro di lui: Perocchè lui sempre vigila a spegnere gli huomini, che potrìano far capo, et è sollecito a fare, che gli sudditi non possino fare radunate, et sempre stà vigilante in queste cose. Ma quando più persone governano, è più facil cosa a tor via il loro cattivo Governo, perchè si possono più facilmente congregare gli huomini buoni con chi fà bene, et mettere dissensione tra gli cattivi, acciocchè non s' unischino insieme, il che è facile, perchè ciascheduno di loro cerca il bene proprio, per il quale presto tra loro nasce discordia. Et però il cattivo Governo di Vno quanto a questa parte è ancora peggiore degl'

altri

altri, perchè è più difficil cosa impedirlo, et spegnerlo. Bisogna però notare, che avvengachè di sua natura il cattivo Governo di Vno sia pessimo, nientedimeno qualche volta accadono più grandi inconvenienti nel cattivo Governo de Più che in quello di Vno, massime nel fine, perchè quando il Governo di Più è cattivo, incontinente è diviso in più parti, et così si comincia a dilacerare il ben comune, et la pace, et finalmente se non si rimedia, bisogna, che una parte rimanga superiore, et scacci l'altra. Dalla qual cosa ne seguita infiniti mali, et temporali, et corporali, et spirituali. Tra quali il massimo è, che il Governo di più si risolve in Vno, perchè quello che ha più favore nel Popolo, diventa di Cittadino, Tiranno. Et avvenga che il Governo di Vno, quando è cattivo (come abbiamo detto) sia pessimo, nientedimeno è gran differenza dal Governo di colui, che è diventato di naturale, et vero Signore, Tiranno, et dal Governo di colui, che di Cittadino è diventato Tiranno, perchè da questo ne seguitano molto più inconvenienti, che dal primo, perocchè se lui vuol regnare, gli bisogna spegnere, ò per morte, ò per esilio, ò per altri modi li Cittadini, non solamente suoi adversarj, ma tutti quegli che gli sono eguali, ò di nobiltà, ò di ricchezze, ò di fama: et torsi dinanzi dagl'occhi tutti quegli, che gli possono dar noja: Dalla qual cosa ne seguitano infiniti mali. Ma questo non

acca-

accade in quello, che sia stato Signore Naturale, perche non hà alcuno, che gli sia eguale; Et gli Cittadini essendo usi ad essere subjetti, non vanno macchinando cosa alcuna contro il suo Stato; Onde lui non vive in quelle sospezioni, nelle quali vive il Cittadino fatto Tiranno. Et perchè negli Popoli, che hanno Governo di *Ottimati*, ò *Governo Civile*, è facile per le discordie degli huomini, che occorrono ogni giorno, et per la moltitudine degli cattivi, et sussurroni, et maledici, far divisione, et incorrere nel Governo Tirannico, debbino tali Popoli con ogni studio, et diligenza provedere con fortissime leggi, et severe, che non si possa fare Tiranno alcuno, punendo di estrema punizione, non solamente chi ne ragionasse, ma etiam chi tal cosa accennasse, et in ogn' altro peccato aver compassione all' huomo, ma in questo non gli aver compassione alcuna, a riserva, che l'anima si deve sempre ajutare, onde non si deve diminuire pena alcuna, anzi accrescerla per dare esempio a tutti, acciocchè ognuno si guardi, non dico d'accennare tal cosa, ma etiam di pensarla, Et chi in questo è compassionevole, ò negligente a punire, pecca gravissimamente appresso a Dio, perchè dà principio al Tiranno, dal cui Governo ne seguono infiniti mali, come dimostreremo di sotto; perchè quando gli cattivi huomini vedono, che le punizioni son leggeri, prendono ardire, et a poco a poco si conduce

duce là Tirannìa, come la gocciola dell' acqua a poco a poco cava la pietra. Colui dunque, che non hà punito tal peccato gravemente, è caufa di tutti li mali, che feguono dalla Tirannìa di tali Cittadini, et però debbe ogni Popolo che fi governa Civilmente, più tofto fopportare ogn' altro male, et inconveniente, che feguitaffe dal Governo Civile, quando è imperfetto, che lafciar forgere Vno Tiranno. Et perchè ognuno intenda meglio, quanto male feguita dal Governo del Tiranno, benchè altra volta ne abbiamo predicato, nondimeno a maggiore intelligenza lo defcriveremo nel feguente Capitolo, quanto alle cofe principali, perchè il voler dire tutti gli fuoi mancamenti, et abufioni, et gravi peccati, et quelli mali, che ne feguano da lui, faria impoffibile, effendo infiniti.

CAPITOLO II.

Della malizia, et peffime condizioni del Tiranno.

Tiranno è Nome di huomo di mala vita, et peffimo tra tutti gl'altri huomini, che per forza, fopra tutti vuol regnare, maffime quello, che di Cittadino è fatto Tiranno: Perchè prima è neceffario dire, che fia fuperbo, volendo efaltarfi fopra gli fuoi eguali, anzi fopra gli migliori di fe, et quegli, a' quali più tofto meriterìa

di

di essere subjetto: Et però è invidioso, et sempre si contrista della gloria degl' altri huomini, et massime de' Cittadini della sua Città, et non può patire di udire lodar altri, benchè molte volte dissimuli; et oda con cruciato di cuore, et si rallegra dell' ignominie del Prossimo per tal modo, che vorrìa, che ogn' huomo fosse vituperato, acciocchè lui solo restasse glorioso. Così per le gran fantasie, et tristizie, et timori, che sempre lo rodono dentro, cerca dilettazioni, come medicine delle sue afflizioni; Et però si trova rare volte, ò non forse mai Tiranno che non sia lussurioso, et dedito alle dilettazioni della carne; Et perchè non si può mantenere in tale stato, ne darsi gli piaceri, che desidera senza moltitudine di denari, segue, che inordinatamente appetisca la roba: Onde ogni Tiranno, quanto a questo, è avaro, et ladro, perocchè non solamente ruba il Principato, che è di tutto il Popolo, ma ancora si usurpa quello, che è del Comune, oltre le cose, che appetisce, et toglie a' particolari Cittadini con cautele, et vie occulte, et qualche volta manifeste. Et da questo segue, che 'l Tiranno abbia virtualmente tutti gli peccati del mondo. Prima, perchè hà la superbia, lussuria, et avarizia, che sono le radici di tutti li mali. Secondo, perchè avendo posto il suo fine nello stato, che tiene, non è cosa, che non faccia per mantenerlo: Et però non è male, che lui non sia apparecchiato a fare, quando fosse al fè al propofito dello ſtato, come l' eſperienza dimoſtra, che non perdona il Tiranno a coſa alcuna per mantenerſi nello Stato, et però hà in propoſito, ò in abito tutti li peccati del mondo Terzo, perchè dal ſuo perverſo Governo ne ſeguono tutti li peccati nel Popolo, et però lui è debitore di tutti, come ſe lui gli aveſſe fatti, Onde ſegue, che ogni parte dell' anima ſua ſia depravata; La Memoria ſua ſempre ſi ricorda dell' ingiurie, et cerca di vendicarſi, et dimenticaſi preſto gli beneficj degl' amici; L' Intelletto ſempre adopra a macchinare fraude, et inganni, et altri mali: La Volontà è piena di odj, et perverſi deſiderj. La Immaginazione di falſe, et cattive rappreſentazioni; et tutti gli ſenſi eſteriori adopra male, ò in proprie concupiſcenze, ò in detrimento, et deriſione del proſſimo, perchè è pieno d' ira, et di ſdegno: Et queſto a lui interviene, perchè hà poſto il fine ſuo in tale Stato, che è difficile, anzi impoſſibile a mantenerlo lungamente, perocchè niuno violento è perpetuo: Onde cercando di mantenere per forza quello, che per ſe rovina, biſogna, che ſia molto vigilante. Et eſſendo il fine cattivo, ogni coſa a lui ordinata, biſogna che ſia cattiva, et però non può mai penſare il Tiranno, nè ricordarſi, nè immaginarſi, nè fare ſe non coſe cattive, et ſe pure ne fà qualcuna buona, non la fà per far bene, ma per acquiſtar fama, et farſi amici per poterſi meglio mantenere in quel perver-

ſo

fo ſtato: Onde è come il Diavolo Rè degli ſuperbi, che mai non penſa altro che a male, et ſe pure dice qualche verità, et fà qualche coſa che ha ſpecie di bene, tutto ordina a cattivo fine, et maſſime alla ſua gran ſuperbia: Così il Tiranno tutti gli beni che fà, ordina alla ſua ſuperbia, nella quale per ogni modo, et via cerca di conſervarſi. Et però quanto il Tiranno di fuori ſi dimoſtra più coſtumato, tanto è più aſtuto, et più cattivo, et ammaeſtrato da maggiore, et più ſagace Diavolo, il quale ſi trasfigura nell'Angelo della luce per dare maggior colpo

Ancora il Tiranno è peſſimo quanto al Governo, circa al quale principalmente attende a tre coſe: Prima che gli ſudditi non intendino coſa alcuna del Governo, ò pochiſſime, et di poca importanza, perchè non ſi conoſchino le ſue malizie. Secondo cerca di mettere diſcordia tra gli Cittadini, non ſolamente nelle Città, ma etiam nelle Caſtella, et Ville, et Caſe, et tra gli ſuoi Miniſtri, et etiam tra gli Conſiglieri, et Familiari ſuoi. Perchè così come il Regno di un vero, et giuſto Rè ſi conſerva per l'amicizia delli ſudditi, così la Tirannìa ſi conſerva per la diſcordia degli huomini, perocchè il Tiranno favoriſce una delle parti, la quale tiene l'altra baſſa, et fa forte il Tiranno. Terzo cerca ſempre di abbaſſare gli Potenti per aſſicurarſi, et però ammazza, ò fa mal capitare gli huomini eccellenti, ti, o di Roba, o di Nobiltà, o d'ingegno, o di altre Virtù; Et gli huomini savj tiene senza reputazione, et gli fà schernire per torgli la fama, acciocchè non siano seguitati. Non vuole avere per compagni gli Cittadini, ma per servi. Proibisce le Congregazioni, et Radunate, acciocchè gli huomini non faccino amicizia insieme, per paura che non facessero amicizia insieme, per timore di qualche grave congiura contro di lui, et si sforza di fare, che gli Cittadini siano insieme più salvatichi, che si può, conturbando le amicizie loro, et dissolvendo gli Matrimonj, et Parentadi, volendoli fare a suo modo. Et dipoi, che son fatti, cerca di mettere discordia tra gli Parenti: Et hà gli esploratori, et le spie in ogni luogo, che gli referiscono ciò che si fà, o che si dice, così maschi, come femmine; così Preti, et Religiosi, come Secolari. Onde fà, che la sua Donna, et le figliuole, ò forelle, et Parenti, abbino amicizia, et conversino con l'altre Donne, acciocchè cavino gli segreti degli Cittadini da loro, et tutto quello, che fanno, o dicono in Casa. Studia di fare, che il Popolo sia occupato circa le cose necessarie alla Vita, et però, quanto può lo tiene magro con Gravezze, et Gabelle: Et molte volte massime in tempo di abondanza, et quiete l'occupa in Spettacoli, et Feste, acciocchè pensi a se, et non a lui: Et che similmente gli Cittadini pensino al Governo della Casa propria, et non si occupino negli segreti dello Stato, acciocchè fiano inefperti, et imprudenti nel Governo della Città, et che lui folo rimanga *Governatore*, et paja più prudente di tutti. Onora gli Adulatori, acciocchè ognuno fi sforfi di adularlo, et di effere come lui, et hà in odio, chi dice la verità, perchè non vuole, che gli fia repugnato, et però hà a sdegno gli huomini liberi nel parlare, et non gli vuole appreffo di fe. Non fà Convitii molto con gli fuoi Cittadini, ma più tofto con gli Eftranei. Et tiene le amicizie de' Signori, et Gran Maeftri Foreftieri, perchè gli Cittadini reputa fuoi Avverfarj, et di loro ha fempre paura; Et però cerca di fortificarfi contro di loro con gli Foreftieri. Nel Governo fuo vuol effere occulto, dimoftrando di fuori di non governare, et dicendo, et facendo dire a' Complici fuoi, che lui non vuole alterare il Governo della Città, ma confervarlo: Onde *cerca di effere domandato Confervatore del Ben Comune*, et dimoftrafi manfueto ancora nelle cofe minime, dando qualche volta Vdienza ai Fanciulli, et Fanciulle, ò a perfone povere, et difendendole molte volte etiam dalle minime ingiurie. Così di tutti gl'Onori, et Dignità, che fi diftribuifcono agli Cittadini, lui fe ne moftra Autore, et cerca, che ognuno le riconofca da lui, ma le punizioni di quegli, che errano ò che fono incolpati dai fuoi Complici per abbaffarli, ò fargli mal capitare, le attribuifce a' Magiftrati, et fi fcufa di non potere ajutargli, per acquiftare Fama, et Benevolenza nel Popolo, et per fare, che quegli, che fono nei Magiftrati fiano odiati da quegli, che non intendono le fue Fraudi.

Similmente cerca di apparire Religiofo, et dedito al Culto divino, ma sà folamente certe cofe efteriori, come andare alle Chiefe, far certe Elemofine, edificare Templi, et Cappelle, ò fare Paramenti, et fimili altre cofe per oftentazione. Converfa etiam con Religiofi, et fimulatamente fi confeffa da chi è veramente Religiofo per parere di effere affoluto; Ma dall' altra parte guafta la Religione ufurpando gli Beneficj, et dandoli agli fuoi Satelliti, et Complici, et cercandoli per i loro Figliuoli, et così fi ufurpa gli Beni Temporali, et Spirituali. Non vuole, che alcun Cittadino faccia alcuna cofa eccellente, come maggiori Palazzi, ò Conviti, o Chiefe, o maggiori Opere nel Governo, o nelle Guerre di lui, per parer lui folo fingolare. Et molte volte abbaffa occultamente gli Uuomini Grandi, et poichè gli hà abbaffati gli efalta manifeftamente ancora più che prima; acciocchè loro fi reputino obbligati a lui, et che il Popolo lo reputi Clemente, et Magnanimo, per acquiftar più favore. Non lafcia fare Giuftizia agli Giudici Ordinarj, per favorire, et per ammazzare, o abbaffare chi piace a lui. Vfurpafi gli denari del Comune, et trova nuovi modi di gravezze, et angherie per congregare Pecunia, della quale nutrifce gli fuoi Sateltelliti, et con essa conduce al soldo Principi, et altri Capitani, molte volte senza bisogno della Comunità per dar loro qualche guadagno, et farseli amici, et per potere più onestamente aggravare il Popolo, dicendo, che bisogna pagare gli Soldati: Et per questa cagione ancora muove, et fà muover Guerre senza utilità; cioè, che per quelle non cerca, ne vuole Vittoria, né pigliare le cose d'altri, ma solamente lo fà per tenere il Popolo magro, et per stabilirsi meglio nel suo Stato. Ancora delle Pecunie del Comune molte volte edifica Palazzi grandi, et Templi, et le Armi sue appicca per tutto, et nutrisce Cantori, et Cantatrici; perché cerca di esser solo Glorioso, A' suoi Allevati, che sono di bassa condizione dà le Figliole degli Cittadini Nobili per Donne, per abbassare, et torre la reputazione ai Nobili, et esaltare tali persone vili, le quali sà, che gli saranno fedeli, perchè non hanno generosità d'animo, ma hanno bisogno di lui, essendo comunemente tali Persone superbe, et reputando tal' amicizia essere gran beatitudine.

Li Presenti riceve volentieri per congregare roba, et però rare volte presenta i Cittadini, ma più tosto i Principi, et i Forestieri, per farseli amici; Et quando vede qualche cosa di un Cittadino, che gli piaccia, la loda, et guarda, et fà tali gesti, che dimostra di volerla, acciocché quel tale, o per vergogna, o per paura

glie

glie la doni; Et hà appresso di se gli Adulatori, che eccitano quel tale, et esortano a fargliene un presente: Et molte volte le cose che gli piacciano, se le fà prestare, et poi non le rende mai. Spoglia le Vedove, et Pupilli, fingendo di volergli difendere, et toglie le possessioni, et Campi, et Case a Poveri, per fare Parchi, o Pianure, o Palazzi, o altre Cose da darsi piacere, promettendo di pagarli il giusto prezzo, et poi non ne paga la metà. Non rende ancora la mercede a chi lo serve in casa, come merita, volendo che ognuno habbia di grazia a servirlo. Li suoi Satelliti cerca di pagargli della roba d'altri, dando loro officj, o beneficj, che non meritano, et togliendo ad altri gli Officj della Città, et dandoli a loro. Et se qualche Mercatante hà gran credito, cerca di farlo fallire, acciocchè niuno abbia credito còme lui.

Esalta gli cattivi huomini, gli quali senza la sua protezione, sariano puniti dalla Giustizia: acciocchè lo difendino, difendendo in questo modo ancora se medesimo: Et se pure esalta qualche Vomo savio, et buono, lo fà per dimostrare al Popolo che è amatore delle Virtù: Nientedimeno a tali Savi, et Buoni sempre tiene l'occhio addosso, et non si fida di loro, et però gli tiene per tal modo, che non gli possino nuocere.

Chi non lo corteggia, et chi non si presenta alla Casa sua, o quando è in Piazza, è notato per nemi-
co.

eo, et hà gli suoi Satelliti in ogni luogo, che vanno sviando i Giovani, et provocandoli al male, etiam contro gli Padri propri, et conducongla lui, cercando d' implicare tutti i Giovani della Terra nei suoi malvaggi consigli, et fargli nemici a tutti quelli, che lui reputa suoi Avversarj, etiam al Padre proprio, et si sforza di fargli consumaré la roba in Convits, et in altre Vóluptà, acciocchè diventino poveri, et lui solo rimangá ricco.

Non si può far Offiziale alcuno, che lui non voglia sapere, anzi che lui non voglia fare; Et infino alli Quochi del Palazzo, et Famigli de' Magistrati, non vuole, che senza suo cónsenso si faccino; Esalta negl' Vfizj molte volte il minor Fratello, o il Minore della Casa, o che sia di minor Virtù, et Bontà, per esaltare gli Maggiori, et Migliori ad invidia, et odio, et mettere tra loro discordia. Non si può dar sentenza, ne Lodo, ne far alcuna Pace senza lui, perchè lui sempre cerca di favorire una parte, et abbassar l' altra, che non è così secondo la sua volontà.

Tutte le buone Leggi cerca con astuzia di corrompere, perchè son contrarie al suo Governo ingiusto, et fà continuamente nuove Leggi a suo proposito. In tutti gli Magistrati, et Vfizj così dentro della Città, come di fuori hà chi vigila, et chi referisce ciò che si fà, et dice, et chi dà Legge da sua parte a tali Offiziali, come hanio a fare: Onde lui è il Refugio di tutti gl' Vomini scelerati, et l' esterminio de' Giusti. Et è sommamente vendicativo in tanto che etiam le minime ingiurie cerca con gran crudeltà di vendicare, per dar timore agl' altri, perchè lui hà paura d' ognuno.

Et chi sparla di lui, bisogna che si nasconda, perchè lo perseguita etiam infino nell' estreme parti del Mondo, et con tradimenti, o con veleni, o altri modi fà le sue vendette, et è grand' Omicida, perchè desidera sempre di rimuovere gl' ostacoli del suo Governo, benchè sempre mostri di non esser quello, et che gli rincresca della morte d' altri. Et simulà molte volte di voler punire chi ha fatto tal Omicidio, ma poi lo fà fuggire occultamente, il quale simulando dopo un certo tempo di chieder misericordia, lo ripiglia, et tien lo appresso di se.

Ancora il Tiranno in ogni cosa vuol essere Superiore etiam nelle cose minime, come in giocare, in parlare, in giostrare, in far correre Cavalli, in Dottrina, et in tutte l' altre cose, nelle quali accade concorrenza, cerca sempre d' essere il primo; Et quando per sua Virtù non può, cerca d' essere Superiore con fraude, et con inganni.

Et per tenersi più in reputazione è difficile a dare Vdienza, et molte volte attende a' suoi piaceri, et fà stare gli Cittadini di fuori, et aspettare, et poi dà loro

Vdien-

Vdienza breve, et Rifpoſte ambigue, et vuol eſſere inteſo a cenni, perchè pare, che ſi vergogni di volere, et chiedere quello, che è in ſe male, o di negare il bene, però dice parole mozze, che hanno ſpecie di bene, ma vuol eſſere inteſo. Et ſpeſſo ſcherniſce gli huomini da bene con parole, o con atti, ridendoſi con gli ſuoi Complici di loro.

Hà ſegrete intelligenze con gl'altri Principi, et poi non dicendo il Segreto, che ha, fà Conſiglio di quello, che s'hà a fare, acciocchè ognuno riſponda a ventura, et lui ſolo paja prudente, et ſavio, et inveſtigatore delli Segreti de' Signori; Et però lui ſolo vuol dare le Leggi a tutti gli huomini, et val più un minimo ſuo Polizino, o una Parola di un ſuo Staffiere appreſſo a ciaſcun Giudice, et Magiſtrato, che ogni Giuſtizia.

In ſomma, ſotto il Tiranno non è coſa ſtabile, perchè ogni coſa ſi regge ſecondo la ſua Volontà, la quale non è retta dalla Ragione, ma dalla Paſſione; Onde ogni Cittadino ſotto di lui ſtà inpendente per la ſua Superbia, ogni Ricchezza ſtà in aria per la ſua Avarizia, ogni Caſtità, et Pudicizia di Donna ſtà in pericolo per la ſua Luſſuria; Et hà per tutto Ruffiani, et Ruffiane, i quali per diverſi modi le Donne, et Figliuole d'altri conducono alla Mazza, et maſſime negli Conviti grandi, dove molte volte le Camere hanno vie occulte, ove ſon condotte le Donne, che non ſe ne avveda-

E

vedano, et ivi rimangano prese al Laccio; lasciando stare la Sodomia, alla quale è molte volte etiam dedito per tal modo, che non è Garzone di qualche apparenza, che sia sicuro. Saria lunga cosa voler discorrere per tutti gli peccati, et mali, che fà il Tiranno, ma questi basteranno al presente Trattato, et verremo al particolare della Città di Firenze.

CAPITOLO III.

De' Beni delle Città, i quali il Tiranno impedisce, et che il Governo del Tiranno fra l' altre Città è massimamente nocivo alla Città di Firenze.

SE il Governo del Tiranno è pessimo in ogni Città, et Provincia, massimamente parmi questo esser vero nella Città di Firenze, volendo noi parlare, come Cristiani. Perchè tutti i Governi degli huomini Cristiani devono essere ordinati finalmente alla Beatitudine a noi da Cristo permessa. Et perchè a quella non si và, se non per il mezzo del ben Vivere Cristiano, del quale (come abbiamo provato in altri luoghi) niuno può esser migliore, devono i Cristiani istituire tutti gli loro Governi, et particolari, et universali per tal modo, che questo ben vivere Cristiano conseguiti da quelli principalmente, et sopra ogn' altra cosa. Et perchè questo ben
vive-

vivere si nutrisce, et augumenti del vero Culto Divino, debbono sempre sforzarsi di mantenere, et conservare, et augumentare questo Culto, non tanto di Ceremonie, quanto di Verità, et di Buoni, et Santi, et Dotti Ministri della Chiesa, et Religiosi, et dalla Città, quanto è lecito, et quanto possono rimuovere gli cattivi Preti, et Religiosi, perchè non si trovano, come dicono i Santi, peggiori Vomini di questi, ne che più guastino il vero Culto Divino, et ben vivere Cristiano, et ogni buon Governo. Et è meglio aver pochi, et buoni Ministri, che assai, et cattivi, perche i cattivi provocano l'Ira di Dio contro la Città, et procedendo ogni buon Governo da lui, son causa, che Dio tira a se la Mano, et non lascia correre la Grazia del buon Governo per la gravezza, et moltiplicazione degli loro Peccati, per gli quali si tiran dietro gran parte del Popolo, et perseguitano sempre i buoni, et giusti huomini, onde leggete, et rileggete nel Vecchio, et Nuovo Testamento, et troverete, che tutte le persecuzioni de' Giusti sono da tali huomini procedute, et che per gli loro Peccati son venuti i Flagelli di Dio nel Popolo, et che loro hanno sempre guasto ogni buon Governo, corrompendo le menti degli Rè, et Principi, et altri Governatori.

Bisogna dunque avere gran diligenza, che nella Città si viva bene, et che ella sia piena di buoni Vomini, ni, maffime Miniftri dell' Altare, perchè crefcendo il Culto Divino, et il ben vivere, è neceffario, che il Governo fi faccia perfetto. Prima, perchè Dio, et gl' Angeli fuoi ne hanno fpecial cura, come fi legge fpeffo nel Vecchio Teftamento, che quando il Culto Divino ftava o crefceva, fempre il Regno de' Giudei andava di bene in meglio; Et quefto medefimo fi legge nel Nuovo Teftamento di Coftantino il Grande, et di Teodofio, et d' altri Principi Religiofi. Secondo per le Orazioni, che continuamente fi fanno da quelli, che fon deputati al Culto Divino, et dai Buoni, che fono nella Città, et etiam per le Orazioni comuni di tutto il Popolo nelle Solennità; Onde legghiamo nel Vecchio, et Nuovo Teftamento le Città per le Orazioni effere ftate cavate di grandiffimi pericoli, et da Dio dotate d' innumerabili Ben: Spirituali, et Temporali. Terzo per gli buoni Gonfigli, per gli quali fi confervano, et augumentano i Regni, perchè effendo buoni gli Cittadini, fono fpecialmente illuminati da Dio, come è fcritto: *Exortum eft in tenebris lumen rectis Corde;* Cioè, *nelle tenebre delle difficoltà di quefto Mondo gli Retti di Cuore fono da Dio illuminati.* Quarto, per la loro unione, perchè dove è il ben vivere Criftiano, non può effer difcordia, perocchè tutte le radici della Difcordia fon rimoffe, cioè, la Superbia, et Ambizione, Avarizia, et Luffuria; Et dove è unione, bifogna, che fia forza; onde de fi è provato negli tempi paffati che gli Regni piccoli per l'unione fon fatti grandi, et li grandi per la difcordia fi fono diffipati. Quinto, per la Giuftizia, et per le buone Leggi le quali amano gli buoni Criftiani: Onde dice Salamone: *Juftitia firmatur folium.* Cioè, *per la Giuftizia fi ferma il Regno.* Crefcerìa ancora per quefto ben Vivere il Regno in ricchezze, perchè non fpendendo fuperfluamente, congregariano nell' Erario Publico infinito teforo, per il quale pagherìano gli Soldati, et Officiali, et pafcerìano gli poveri, et farìano ftare in timore gli fuoi nemici, et maffime, che intendendo il loro buon Governo gli Mercatanti, et altri huomini ricchi, volentieri concorrerìano alla Città, et i vicini, che foffero mal governati da altri, defidererìano il loro Governo. Et per l'unione loro, et benevolenza degl'amici averìano bifogno di pochi Soldati, et tutte le Arti, et Scienze, et Virtù verrìano nella Città, et quivi fi congregherìa un infinito Teforo, et dilaterìafi il fuo Regno in molte parti, la qual cofa farìa buona, non folamente alla Città, ma etiam agl'altri Popoli, perchè farìano ben governati, et il Culto Divino fi dilaterìa, et la Fede, et il ben vivere Criftiano crefcerìa, la qual cofa farìa gran Gloria di Dio, et del noftro Salvatore Gesù Crifto Re de' Rè, et Signore de' Signori. Ora tutto quefto Bene impedifce, et guafta il Governo Tirannico; Perchè non è cofa, che più abbia in odio il Tiranno, che il Culto di Cristo, et il ben vivere Cristiano, perocchè è direttamente suo contrario, et uno contrario cerca di scacciare l'altro, et però il Tiranno si sforza quanto può, che il vero Culto di Cristo si levi della Città, benchè lo faccia occultamente. Et se si trova qualche buon Vescovo, o Sacerdote, o Religioso, massime che sia libero in dire la Verità, cautamente lo cerca di rimuovere dalla Città, o di corrompere la Mente sua con adulazione, et Presenti. Et fà dare i Benefizi agli cattivi Preti, et agli suoi Ministri, et a quegli, che sono suoi Complici, et favorisce i cattivi Religiosi, et quegli, che lo adulano.

Così sempre cerca di corrompere la Gioventù, et tutto il ben vivere della Città, come cosa a lui sommamente contraria: Et se questo è grande, anzi sommo male in ogni Città, et Regno, massime è gravissimo in quelle de' Cristiani, tra le quali a me pare, che sia ancora maggiore nella Città di Firenze. Prima perchè questo Popolo è molto inclinato al Culto Divino, come sà, chi ne hà pratica, onde saria facilissima cosa instruire in lui un perfettissimo Culto, et ottimo vivere Cristiano, se fosse in lui un buon Governo, che certo, come noi proviamo ogni giorno, se non fossero i cattivi Preti, et Religiosi, Firenze si ridurrìa al vivere de' primi Cristiani, et saria come uno specchio di Religione a tutto il Mondo: Onde noi vediamo al presente, te, che fra tante persecuzioni contro il ben vivere de' Buoni, et tanti impedimenti di dentro, et di fuori, et fra escomunicazioni, et male persuasioni; si vive per tal modo nella Città da Buoni, che sia detto con pace di ogn' altra, non si nomina, ne è alcun altra Città, dove sia maggior numero, et di maggior perfezione di vita della Città di Firenze. Se dunque fra tante persecuzioni, et impedimenti la cresce, et fruttifica per il Verbo di Dio, che farebbe lei, quando fosse in essa un quieto vivere dentro, rimossa la contradizione de' Tepidi, et cattivi Preti, et Religiosi, et Cittadini.

Questo ancora più conferma la sottilità degl' ingegni, che si trovano in lei, perocchè è noto a tutto il Mondo, che gli Fiorentini hanno Spiriti sottili; Così noi sappiamo esser cosa pericolosissima, che tali Spiriti si volghino al male, et massime, che in quello si avvezzino da Fanciulli, perchè sono dipoi più difficili a sanare, et più atti a far moltiplicare i Peccati in terra. Et per contrario, se si volgono al bene, sarà difficile a pervertirgli, et saranno atti a moltiplicare tal bene in diverse parti. Et però bisogna nella Città di Firenze aver gran diligenza, che vi sia buon Governo, et che per modo alcuno non vi sia Tiranno, sapendo noi quanto male hà fatto in lei, et in altre Città il Governo Tirannico, perocchè tante sono state le loro astuzie, che hanno molte volte ingannati i Principi dell' Italia, et tenute

nute in divifione non folamente le Città vicine, ma etiam le remote; Et quefto tanto più facilmente può fare, quanto che è Città pecuniofa, et induftriofa, onde hà molte volte meffo in confufione tutta l'Italia.

Ancora più conferma il detto noftro, che non può durare il Governo Tirannico lungamente, perchè niuno violento (come abbiamo detto) può effere perpetuo, et perchè parlando come Criftiano, il Governo Tirannico è permeffo da Dio per punire, et purgare i Peccati del Popolo, i quali poi, quando fon purgati, bifogna, che ceffi tal Governo, perchè rimoffa la Caufa, bifogna, che fia rimoffo ancora l'effetto. Se dunque tal Governo non può durare nell'altre Città, et Regni, maffimamente a Firenze non può durare lungo tempo in pace, perocchè tali ingegni non fi poffono ripofare; onde fi è vifto per efperienza, che fpeffo in lei è ftata qualche commozione di Cittadini contro a chi governava; Et da quefte commozioni, et Guerre Civili ne è feguita alcune volte la commozione di tutta l'Italia, et fi fon fatti dimolti mali.

Per quefte ragioni dunque, et altre, che per brevità lafcio, appare manifeftamente, che fe in ogni Città fi deve rimuovere il Governo Tirannico, et più tofto patire ogn'altro Governo imperfetto, che quello del Tiranno, dal quale ne fegue tanti, et così gran mali, che non fe ne può trovare, ne più, ne maggiori: Molto mag-
gior-

giormente ſi debbe queſto fare nella Città di Firenze, Et chi bene guaſterà le coſe precedenti, ſenza difficoltà intenderà che non è Pena, ne Flagello alcuno tanto grave in queſto Mondo, che ſia proporzionato alla gravià del peccato di colui, che cercaſſe, o tentaſſe, o ancora deſideraſſe di eſſere, o di farſi Tiranno nella Città di Firenze, poichè ogni pena, che ſi può penſare nella vita preſente, è piccola a comparazione di tal Peccato: Ma l' Onnipotente Dio giuſto Giudice lo ſaprà punire, come merita, et in queſta, et nell' altra vita.

TRATTATO TERTIO.

Della Iſtituzione, et modo del Governo Civile.

Cap. I.

AVendo noi determinato, che *nella Città di Firenze l' ottimo Governo è il Governo Civile*; et il *Tirannico tra tutte le Città in lei è peſſimo*, reſta, che noi vediamo, come ſi può provvedere, *che non ſi faccia in lei alcun Tiranno*, et come ſi hà a introdurre tal Governo Civile · Et perchè qualche volta per forza dell' Armi ſi fà il Tiranno, et alla forza non ſi può reſiſtere con Ragione; circa a ciò non poſſiamo dar altra Iſtruzione, Ma intendiamo di dichiarare, come ſi può provedere, che un

Cittadino, non per forza di Armi, ma con aftuzia, et con amici non fi faccia Tiranno della Città a poco a poco, pigliando il Dominio di quella, come fi è fatto per i tempi paffati. Ma perchè poterìa credere alcuno, che bifognaffe provedere, che niun Cittadino foffe ecceffivamente ricco, attefo che gli denari congregano a fe il Popolo, et facilmente il Cittadino ecceffivamente ricco fi fà Tiranno, et perchè volendo così provedere, ne feguiterìano molti inconvenienti, effendo troppo pericolofo a volere tor la roba a' Ricchi, et troppo difficile a metter termine alle Ricchezze de' Cittadini; Peiò diciamo, che le Ricchezze non fono la Caufa principale, che un Cittadino fi faccia Tiranno, perchè fe un Cittadino ricco non aveffe altro, che le Ricchezze, non congreghería a fe la moltitudine degl' altri Cittadini, dalla quale dipende il Governo della Città, potendo loro poco fperare da tal Ricco; perocchè i Cittadini per pochi Denari non confentirebbero, che uno fi faceffe Tiranno, et un Cittadino fia Ricco quanto fi voglia, non può in una Città così grande comprare tanti Cittadini, che faccia il bifogno, volendo ciafcuno gran quantità di Pecunia, et effendo la maggior parte Ricchi, et naturalmente sdegnandofi di farfi Servi, a chi loro fi reputano eguali.

Perchè dunque i Cittadini cercano più tofto Dignità, et Reputazione nella Città, che Denari, fapendo

do

do loro che la Reputazione ajuta l' Uomo ad arricchirfi, bifogna provvedere, che niuno Cittadino habbia autorità per modo alcuno di poter dare gli Beneficj, et Officj, et Dignità della Città: Perocchè questa è propria la radice, che fà nelle Città un Tiranno, amando molto gli Cittadini l' Onore, et volendo esser reputati. Et però quando vedono, che altrimenti non poffono avere gli Beneficj, et Onori della Città, si fottomettono a chi loro credono, che gli poffa dare: Et così crefcendo a poco a poco il Numero de' Cittadini, che si fottomettono a quello, che hà maggiore autorità, si fà il Tiranno; Et quando fono più che si ufurpano tale autorità, bifogna, che il Popolo si divida, et che finalmente combatta l' uno contro l' altro, et quello che hà più Seguito, o che rimane Vittoriofo, diventa Tiranno. E neceffario dunque inftituire, che l' autorità di diftribuire gl' Officj, et Honori sia in tutto il Popolo, acciocchè un Cittadino non abbia a rifguardare all' altro, et ciafcuno si reputi eguale all' altro, et che non poffa far Capo.

Ma perchè farìa troppo difficile congregare ogni giorno tutto il Popolo, bifogna inftituire un certo Numero di Cittadini, che abbino quefta autorità da tutto il Popolo: Ma perchè il piccol Numero poterìa effer corrotto con amicizie, et Parentadi, et Denari, bifogna coftituire un gran Numero di Cittadini: Et perchè forfe ìe ognuno vorrìa essere di questo Numero, et questo poterìa generar confusione, perchè forse la Plebe vorrìa ingerirsi nel Governo, la quale presto partorirebbe qualche disordine, bisogna limitare per tal modo questo Numero de' Cittadini, che non v' entri, chi è pericoloso a disordinare, et ancora, che niun Cittadino si possa lamentare. Fatto dunque questo Numero di Cittadini, il quale si domanda il *Consiglio Grande*, et avendo ivi a distribuire tutti gl' Onori, non è dubbio, che *questo è il Signore della Città*, Et però è necessario, di poi che è creato, far tre cose.

Prima stabilirlo con debiti modi, et fortissime Leggi, acciocchè non gli possa esser tolto lo Stato: Et perchè i Cittadini male amorevoli alla sua Città, son più solleciti alla loro specialità, che al Ben Comune, però non si curano di radunarsi al Consiglio, per la qual negligenza poterìa tal Consiglio perdere la sua Signorìa, et disfarsi: Si vorrìa provedere, che chi non si congregasse al tempo debito, non essendo legittimamente impedito, pagasse un tanto per la prima volta, et la Pena fosse grave, et la seconda volta più grave, et la terza privarlo totalmente del Consiglio, acciocchè quello, che non vuol fare per amore, essendone debitore, lo faccia per forza: Perocchè ognuno debba più amare il Ben Comune, che il proprio, et per quello è obbligato ad esporre la roba, et la Vita, massime considerato,

rato, che dal buon Governo procedono tanti Beni, et
dal cattivo tanti Mali, quanti habbiamo, detto, Simili
altre Leggi, et Pene, et Provisioni bisogna fare, secondo
che l' esperienza và dimostrando di mano in mano, per
firmare il Consiglio, et stabilire lo Stato del *Signore
della Città.* perchè tolto via quello, ogni cosa rovine-
rebbe.

Secondo si debbe provedere che *tale Signore,* non
possa diventare *Tiranno* perchè come qualche volta un
Vomo, che è Naturale Signore, si lascia corrompere da
cattivi, et dventa Tiranno, così un Consiglio buono
per la malizia de' cattivi, diventa cattivo, et tirannico.
Et perchè gli huomini viziosi, et sciocchi quando moltiplicano sono causa, di molti mali, negli Governi, bisogna provedere di escludere tali Vomini dal Consiglio,
quanto è possibile. Item provedere con gravissime pene,
che non si potessi fare intelligenze, ne chiedere fave, o
suffragj, et chi fossi trovato in fallo senza remissione, alcuna fossi punito: perchè *chi non è severo in punire, non
può conservare li Regni.* Bisogna dunque provedere diligentemente di rimuovere tutte le imperfezioni, et male radici, per le quali il Consiglio potessi esser corrotto,
et potesse venire massime la maggior parte nelle mani
de' cattivi Vomini: Perchè incontinente saria distrutto,
et si faria il Tiranno nella Città.

Tertio bisogna provedere che non sia troppo aggra-
vato,

vato, cioè che per ogni minima cofa s' abbia a radunare tanti Cittadini: Onde etiam li Signori attendono alle Cofe importanti, et alli Suddici commettono le minori: confervandofi però fempre l' autorità di diftribuire gl' Vffizj, et Benefizj, acciocchè ognuno paffi per il fuo vaglio, per tor via il principio della Tirannia, come abbiamo detto, et però bifogna far provifione, che fi raduni a certi tempi meno incomodi a' Cittadini, et radunare di molte cofe infieme, che fi abbino a fare in tal dì, che fi raduna, et trovar modo, che l' Elezioni fiano brevi, et che fi fpedifchino più prefto, che fi può. Noi potremo dire molte cofe circa a ciò, et venire più al particolare: Ma fe i Cittadini Fiorentini, ferveranno quello, che noi abbiamo detto, et quello diremo nel feguente Capitolo, non avranno bifogno di mia Iftruzione, perchè loro medefimi, fe vorranno, con l' Adjutorio di Dio fapranno provvedere ad ogni cofa a poco a poco, imparando ogni giorno meglio per l' efperienza. Io non vorrìa eccedere i termini dello Stato mio, per non dare etiam materia agl' Avverfarj noftri di mormorare.

CA-

CAPITOLO II.

Di quello, che averebbero a fare gli Cittadini per dar perfezione al Governo Civile.

Ciascun Cittadino Fiorentino, che vuol essere buon membro della sua Città, et ajutarla, come ognun deve volere, bisogna prima, che creda questo *Consiglio*, et *Civile Governo* essere stato mandato da Dio, come è in verità, non solamente perchè ogni buon Governo procede da Lui, ma etiam per speciale Providenza, che hà Dio al presente della Città di Firenze: Della qual cosa, chi in Essa è stato in questi tre Anni passati, et non è cieco, et totalmente senza Giudizio, è chiaro, che se non fosse stata la Mano di Dio, non si saria mai fatto tal Governo in tante, et sì potenti Contradizioni, nè si saria potuto mantenere infino a questo giorno tra tanti Insidiatori, et pochi Adjutori: Ma perchè Dio vuole, che noi ci esercitiamo con l'intelletto, et libero arbitrio, che ci hà dato, fà le cose che appartengono al Governo humano prima imperfette, acciocchè noi col suo adjutorio le facciamo perfette. Essendo dunque questo Governo ancora imperfetto, et mancando in molte parti, anzi non avendo quasi altro che il fondamento, debbe ciascun Cittadino desiderare, et operare quanto può di dargli la sua perfezione. La qual cosa volendo fare,

biso-

(48)

biſogneria, che tutti, o la maggior parte aveſſero queſte quattro coſe.

Prima il timor di Dio, perchè certa coſa è, che ogni Regno, et Governo procede da Dio, come etiam ogni coſa procede da lui, eſſendo lui la prima cauſa, che governa ogni coſa; et noi vediamo, che il Governo delle coſe naturali è perfetto, et ſtabile, perchè le coſe naturali ſono a lui ſubiette, et non repugnano al ſuo Governo; Coſì ſe li Cittadini temeſſero Dio, et ſi ſotomatteſſero alli ſuoi Comandamenti, ſenza dubbio gli guideria alla perfezione di queſto Governo, gl' illuminería di tutto quello, che loro aveſſero a fare.

Secondo biſogneria, che amaſſero il Ben Comune della Città, e che quando ſono nei Magiſtrati, et altre Dignità, laſciaſſero da canto ogni loro proprietà, et le ſpecialità de' Parenti, et Amici, et aveſſero ſolamente l' occhio al Ben Comune, perchè queſt' affetto prima illumineria l' occhio dell' intelletto loro, et eſſendo ſpogliati di propie affezioni, non averiano gli occhiali fallaci, perocchè riſguardando il fine del Governo, non poteriano facilmente errare nelle coſe ordinate a lui. Dall' altra parte meriteriano, che il Ben Comune da Dio foſſe augumentato, onde tra l' altre ragioni, che i Romani dilattarono tanto il ſuo Imperio, queſta ſe ne aſſegna, perche loro molto amavano il Ben Comune della Città, et però Dio volendo rimeritare que-

questa operazione buona (il quale non vuole che alcun bene sia irremunerato, et non meritando tale opera vita eterna, perchè era senza la grazia) la remeritò di beni temporali corrispondenti all' opera: cioè, augumentando il Ben Comune delle Città, et dilatando l' Imperio loro per tutto il Mondo.

Terzio bisognerìa che li Cittadini si amassero insieme, et lasciassino tutti gl' odj, et dimenticassino tutte le ingiurie degli tempi passati, perchè gl' odj, et le male affezioni, et invidie accecano l' occhio dell' intelletto, et non lasciano vedere la verità: Et però negli Consigli, et negli Magistrati chi non è ben purgato in questa parte fà dimolti errori, et Dio li lassa incorrere in punizione delli suoi, et delli altrui peccati, il quale gl' illuminerìa quando fossero di tale affezione ben purgati: Oltre di questo essendo concordi, et amandosi insieme, Dio rimunererìa questa loro benevolenza, dando loro perfetto Governo, et quello augumentando: Et questa è ancora una delle ragioni che Dio dette tanto Imperio agli Romani, perchè si amavano insieme, et stavano in concordia nel principio: Et benchè questa non fosse carità sopranaturale, era però buona, et naturale, et però Dio la rimeritò di beni temporali. Se dunque li Cittadini di Firenze si amassero insieme di carità naturale, et sopranaturale, Dio moltiplicherìa loro li beni spirituali, et temporali.

G

Quar-

Quarto bisognerìa che faceſſero Giuſtizia, che purga la Città degli cattivi huomini, o li fa ſtare in timore, et li buoni, et giuſti rimangono ſuperiori, perchè ſono eletti nelle dignità volentieri da chi ama la Giuſtizia; gli quali ſono illuminati poi da Dio di tutte le buone Leggi, et ſon cauſa d'ogni bene della Città, la quale per queſto ſi riempie di Virtù, et la Virtù ſempre è premiata dalla Giuſtizia, et ſi moltiplicano gli buoni huomini, li quali ſi congregano volentieri dove abita la Giuſtizia: Et Dio per queſto poi ancora dilata l'Imperio, come fece alli Romani: agli quali ancora per queſta ragione, cioè, perchè erano ſeveri in far Giuſtizia, dette l'Imperio dell'Vniverſo, volendo che gli ſuoi Popoli foſſero retti con Giuſtizia.

Se dunque li Cittadini Fiorentini voleſſero conſiderare diligentemente, et col giudizio della ragione, che a loro non conviene altro Governo che quello, che abbiamo detto, et voleſſero credere con fede, che è ſtato a loro dato da Dio, et oſſervaſſero queſte quattro coſe predette, non è dubbio, che in breve tempo tal Governo diventerìa perfetto, sì per gli buoni conſigli, che farìano inſieme, negli quali Dio gl'illuminerìa di quello che cercaſſero di fare; Si etiam perchè gli averìa ſpecialmente illuminati per gli ſuoi Servi di molte particolarità, che loro non ſaprìano per ſe medeſimi trovare, et già averìano fatto un Governo di Paradiſo,

et aveet averiano conseguitate di molte Grazie così spiritua-li, come temporali: Ma se non vorranno credere *questo Governo essere a loro dato da Dio*, ne essere il loro biso-gno, ne temere Dio, ne amare il Ben Comune, ma attendere alle sue voglie proprie, ne amarsi insieme; ma stare sempre in divisione, ne fare Giustizia, il Go-verno fatto da Dio starà, et loro si consumeranno in-sieme, et saranno da Dio a poco a poco consumati, et a' loro Figliuoli sarà data la grazia di questo perfetto Governo. Et già Dio hà mostrati segni dell' ira sua, ma Loro non vogliono aprire le orecchie, li quali Dio pu-nirà in questo Mondo, et nell' altro, perchè in questo staranno sempre inquieti di mente, et pieni di passio-ne, et tristizje, et nell' altro staranno nel fuoco Eter-no, poichè non hanno voluto, ne seguitare il lume na-turale che dimostra questo essere il vero loro Governo, ne il sopranaturale, del quale hanno visto segni. Et già una parte di quelli che non sono andati retti in questo Governo, et sono sempre stati in esso inquieti, patisco-no al presente le pene dell' Inferno. Sicchè avendo *Voi Fiorentini* per molti segni visto che Dio vuole, che questo Governo stia, non essendosi mutato in tante con-tradizioni che si son fatte contro di lui dentro, et di fuori, essendo gl' Impugnatori di quello minacciati da lui di tante punizioni, vi prego per le Viscere della pie-tà del nostro Signore Gesù Cristo, che ormai siate con-

tenti

tenti quietarvi, perché fe non lo farete, manderà maggior Flagello affai fopra di Voi, che non hà fatto fopra gli paffati, et perderete quefto Mondo, et l'altro: Ma fe Voi lo farete, confeguirerete le felicità, le quali defcriveremo nel feguente Capitolo.

CAPITOLO III.

Della felicità di chi ben regge, et miferia de' Tiranni, et fuoi feguaci.

Effendo dunque il *Prefente Governo più di Dio, che degli huomini*, quegli Cittadini, che con gran zelo dell' onore di Dio, et del Ben Comune, offervando le predette cofe, fi sforzeranno quanto potranno di ridurlo a perfezione, acquifteranno felicità terrena, fpirituale, et eterna.

Prima fi libereranno dalla fervitù del Tiranno, la quale quanto fia grande, l'abbiamo dichiarato di fopra, et viveranno in vera Libertà, *la quale è più premiofa che l' Oro, et l' Argento*, et ftaranno ficuri nella fua Città attendendo al Governo delle Cafe loro, et agl' onefti guadagni, et agli loro Poderi, con gaudio, et tranquillità di mente. Et quando Dio gli moltiplicherà la roba, o gl' onori, non averanno paura che fiano tolti loro. Potranno andare in Villa, o dove vorranno fenza domanmandare licenza al Tiranno, et maritare le loro Figliuole, et Figlioli, come piacerà a loro, et far Nozze, et stare allegri, et avere quelli compagni, che a loro piaceranno, et darsi alle Virtù, o degli Studj delle scienze, o dell' Arti come vorranno, et fare simili altre cose, le quali saranno una certa felicità terrena.

Di poi ne seguiterà la felicità spirituale; perchè ciascuno potrà darsi al Ben Vivere Cristiano, et da niuno sarà impedito. Ne sarà alcuno costretto con minacce a non fare Giustizia, quando sarà negli Magistrati, *perchè ognuno sarà Libero:* ne per povertà, a far cattivi Contratti, perocchè essendo buon Governo nella Città, abonderà di ricchezze, et per tutto si lavorerà, et gli poveri guadagneranno, et gli Figliuoli loro, et Figliuole potranno nutrire santamente: faranno Leggi buone circa l' onestà delle Donne, et de' Fanciulli, et massime, che si moltiplicherà il Culto Divino; perocchè Dio vedendo la buona mente loro, gli manderà buoni Pastori, dicendo la Scrittura, che Dio dà gli Pastori secondo i Popoli, et potranno tali Pastori senza impedimento règere le loro Pecorelle. Moltiplicheranno gli buoni Sacerdoti, et buoni Religiosi, massime che non vi potranno vivere gli cattivi; perchè un contrario scaccia l' altro; Et cosi in breve tempo si ridurrà la Città a tanta Religione, che farà come un Paradiso Terrestre, et viverà in Giubilo, et in Canti, et Salmi, et gli Fanciulli, et Fanciulle faranno come Angeli, et gli nutriranno nel Vivere Criftiano, et Civile infieme: per gli quali poi al tempo fuo fi farà nella Città il Governo più tofto Celefte, che Terreftre, et farà tanta la letizia degli Buoni, che avranno una certa felicità fpirituale in quefto Mondo.

Terzio per quefto non folamente meriteranno la Felicità eterna, ma etiam grandemente augumenteranno gli loro meriti, et crefcerà la Corona loro in Cielo. Perchè Dio dà maffimo premio a chi Governa bene le Città: Perocchè effendo la beatitudine premio della Virtù, quando la Virtù dell' Vomo è maggiore, et fà maggior cofe, tanto merita maggior premio; conciò fia dunque che fia maggior Virtù reggere fe, et altri, et maffime una Comunità, et un Regno, che reggere folamente fe medefimo, feguita che chi regge bene una Comunità meriti grandiffimo premio in vita eterna. Onde noi vediamo che in tutte le Arti fi dà maggior premio al Principale che regge tutte le cofe dell' Arte, che agli Serventi che obedifcono al Principale; certo Maggior Premio fi dà al Capitano dell' Efercizio nell' Arte militare, che agli Soldati: et nell' Arte dell' edificare fimilmente fi dà maggior premio al Maeftro, et all' Architettore, che agli Manuali, et fimile è nell' altre Arti. Item quanto la operazione dell' huomo è più eccellente, et più onora Dio, et fà maggiore utilità alli

proffi-

proffimi, tanto è più meritoria. Conciò fia dunque che il governare bene una Comunità, maffime, una tale, qual'è la Fiorentina, fia Opera eccellente, et che refulti maffimamente nell'Onore di Dio, et facci grandiffima utilità all'anime, et corpi, et a beni temporali delli huomini, come fi può facilmente intendere per quello, che abbiamo detto di fopra, non è da dubitare che merita eccellente premio, et grandiffima gloria. Item noi vediamo, che chi fà una elemofina, o pafce pochi poveri è grandemente premiato da Dio, dicendo il noftro Salvatore che nel dì del Giudizio fi volterà alli Giufti et dià, *Venite benedetti dal Padre, poffedete il Regno a Voi apparecchiato dall'origine del Mondo, perchè quando Io avevo fame, et fete, et che Io ero nudo, et peregrino, mi avete pafciuto, et veftito, et ricevuto, et vifitato, quando ero infermo; peroecchè quello, che avete fatto a uno degli miei minimi, avete ancora fatto a me.* Se dunque per l'elemofine particolari Dio premierà grandemente ognuno, quanto premio darà a chi Governerà bene una Città grande, per il Governo buono della quale fi pafcono infiniti poveri, fi provede a molti miferi, fi difende le Vedove, et Pupilli fi cava delle mani de' Potenti, et iniqui le perfone, che non fi poffono altrimenti contro la loro forza difendere, fi libera il Paefe da Ladri, et Affaffini, fi cuftodifcono gli buoni, et mantienfi, il ben vivere, et il Culto Divino, et fannofi infiniti altri beni. Item, ogni

fimisimile ama il suo simile, et tanto più è amato da lui, quanto più a lui si assomiglia: Essendo dunque tutte le Creature simili a Dio, sono da lui tutte amate; Ma perchè alcune sono più simili a lui, che l'altre, sono ancora quelle da lui più amate: Conciò sia dunque che *chi Governa è molto più simile a Dio, che colui, che è governato*, è cosa manifesta, che se Governa giustamente è più da Dio amato, et premiato, che nelle proprie operazioni, quando non governa, massime che chi Governa hà il maggior pericolo, et maggiori fatiche di mente, e di Corpo, che colui, che non Governa, onde ancora merita maggior premio.

Per contrario chi vuol essere Tiranno, è infelice in questo Mondo prima d'infelicità terrena, perocchè quanto alle ricchezze, non le può godere per molte afflizioni d'animo, et timori, et continoví pensieri, et massime che bisogna spendere assai per mantenersi in Stato; Et volendo tener subjetto ognuno, lui stà più subjetto a tutti, bisognando, che serva a tutti per farsi ognuno benevolo: Dipoi è privato dell'amicizia, la quale è dei maggiori, et più dolci Beni, che possa aver l'Vomo in questo Mondo, perchè non vuole nessuno eguale a se, et tiene ognuno in timore, et massime perchè il Tiranno è quasi sempre odiato da ognuno per li mali, che fà, et se è amato dai cattivi, non è perchè voglino bene a lui, ma amano quello, che vogliono

no cavare da lui, et però tra tali non può effere vera amicizia; E' privato ancora di buona Fama, et Onore per i mali, che fà, et per effere fempre odiato, et invidiato dagl' altri. Non può mai avere una vera confolazione fenza triftizia, perchè fempre hà da penfare, et temere per l' inimicizie, che hà, onde ftà in timore fempre, et non fi fida ancora delle fue Guardie medefime. Ancora hà infelicità fpirituale, perchè è privato della Grazia di Dio, et di ogni fua condizione, et circondato di Peccati, et d' Vomini perverfi, che lo feguitano ogn' ora, et lo fanno precipitare in molti errori, come abbiamo dichiarato di fopra. Vltimo avrà ancora l' infelicità eterna, perchè il Tiranno è quafi fempre incorrigibile, sì per la moltitudine dei Peccati, che fi vede aver fatti, nei quali hà fatto tanta confuetudine, che è molto difficile a lafciarli, sì perchè hà a reftituire tanta roba mal tolta, et a rifare tanti danni fatti, che bifognerìa, che rimaneffe in Camicia; La qual cofa, quanto fia difficile a chi è confueto vivere in tanta Superbia, et tante Delizie, ognuno facilmente lo può intendere: Si etiam per gl' Adulatori, che lui hà, *gli quali alleggerifcono i fuoi Peccati, anzi gli danno ad intendere effer Bene quello, che è Male, onde etiam li Tepidi Religiofi lo confeffano, et affolvano, dimoftrandoli il bianco per il nero:* Et però è mifero in quefto Mondo, et poi ne và all' Inferno nell' altro, dove hà graviffima pena più degl' altri Vomini,

mini, sì per la moltitudine delli Peccati che hà commeſſo, et fatto fare all'altri, sì etiam per l'Offizio, che ſi hà uſurpato; Perocchè come chi regge bene, è ſommamente premiato da Dio, così chi regge male, è maſſimamente punito. Tutti quelli ancora che ſeguitano il Tiranno, partecipano della ſua miſeria, così nelle coſe temporali, come nelle ſpirituali, et eterne: Onde perdono la libertà che è ſopra tutti li Teſori, oltre che la loro Roba, et Onori, et Figliuoli, et Donne ſono in poteſtà del Tiranno: Et li peccati ſuoi vanno continuamente imitando, perchè ſi sforzano di fare ogni coſa, che li piace, et aſſomigliarſi a Lui più che poſſono: Et però ſaranno nell' Inferno gli artefici della ſua graviſſima pena.

Ancora tutti gli Gittadini, che non ſono contenti del Governo Civile, benchè non ſieno Tiranni, perchè non poſſono, partecipano queſte medeſime infelicità, mancando di Ricchezze, et d' Onori, et Reputazione, et Amicizia, perchè a loro ſi congregano tutti li magri Cittadini per rifarſi, et tutti li cattivi huomini: Onde biſogna che ſpendino, et dagli buoni ſono fuggiti, et però non hanno con alcuno vera amicizia, ma ognuno che li ſeguita gli cerca di rubare; et per le Compagnie cattive fanno migliaja di peccati che non farebbono, et ſono inquieti di core, et ſempre pieni di odj, invidie, et mormorazioni, et hanno l' Inferno in queſto Mondo, et nell' altro. Eſ-

Essendo dunque (come abbiamo provato) felice et simile a Dio chi regge bene, et infelice, et simile al Diavolo chi regge male, debbe ogni Cittadino lassare li Peccati, et le proprie affezioni, et sforsarsi di reggere bene, et conservare, et augumentare, et fare perfetto questo Governo Civile per Onore di Dio, et salute dell'Anime, massime essendo stato dato specialmente da Lui per l'amore che porta a questa Città; Acciocchè sia felice, et in questo Mondo, et nell' altro per Grazia del nostro Salvatore Gesù Cristo Re de' Rè, et Signore de' Signori, il quale col Padre, et Spirito Santo vive, et regna in Secula Seculorum. Amen.

DISCORSO
A CARLO VIII. RE' DI FRANCIA
DI
GIROLAMO SAVONAROLA
Quando fù spedito a Pisa Ambasciatore per la Repubblica Fiorentina.

DISCORSO

DI GIROLAMO SAVONAROLA.

L'Onnipotente Dio nella Mano del quale è ogni Potestà, et ogni Regno *Christianissimo Rè, et Ministro Magno della Divina Giustizia,* distribuisce, et communica l'infinita sua bontade alle sue Ccreature per due vie, cioè per la via della Misericordia, et per la via della Giustizia. Per la via della Misericordia, trahendo a se, et convertendo al suo Amore la Creatura, per la via della Giustizia, molte volte scacciandola da se per gli suoi demeriti. Le quali due vie sono però tanto unite, che in tutte le Opere, et Creature sue si trovano sempre insieme. Alli Dannati fà Giustizia, perchè gli punisce delli loro Peccati, fà etiam Misericordia, perchè gli punisce circa il condigno, cioè manco che non meritano. Agli Beati fà Misericordia, perchè dà a loro Gloria maggiore, che non meritavano le operazioni, et le fatiche loro. Fà ancora Giustizia, perchè dà a loro della sua Gloria più, et meno, secondo che più, et meno si sono affaticati. Et perchè il mezzo participa della Natura degl'estremi, quello che abbiamo detto de'Dannati, et de'Beati si può facilmente comprendere nell'

altre

(64)

altre Creature: cioè che la Misericordia, et la Giustizia sempre vanno insieme, benchè abbino diverse condizioni, et diversi effetti: Perocchè alla Misericordia appartiene pazientemente tollerare gli Peccati, longanimemente aspettare i Peccatori à penitenza, suavemente chiamargli, et a se tirargli dolcemente, poichè sono venuti, abbracciargli, clementemente perdonargli, benignamente giustificarli, largamente magnificarli nella sua Grazia, et copiosamente glorificarli nell' infinite Ricchezze della sua Gloria. Alla Giustizia appartiene, poichè pazientemente hà tollerato il Peccatore, et longanimemente aspettatolo, et soavemente molte volte chiamato, non essendo voluto venire, privarlo della sua Grazia, torgli le Virtudi, subtrargli la sua Luce, obtenebrargli l' Intelletto, lasciarlo cadere in ogni precipizio di Peccati, fargli cooperare ogni cosa in male, et finalmente punirlo nel supplicio dell' Inferno senza fine. Avendo dunque l' immensa Bontà di Dio amatrice degli huomini pazientissimamente tollerati gli gravi Peccati dell' Italia, et longanimemente già tant' anni aspettatola a penitenza, et suavemente innumerabil volte per molti suoi Servi chiamatola, et non havendo Lei voluto aprire le orecchie, ne conoscere la voce del suo Pastore, ne far penitenza degli suoi Peccati, anzi convertendo la pazienza di Dio in superbia, et moltiplicando ogni dì più l' offese, et aggravando

gli

gli fuoi Peccati, non conofcendo, ne curando i Benefizj di Dio, anzi fprezzando il Battefimo, e il Sangue di Crifto, et facendo faccia di Meretrice, et la fronte dura come Adamante: hà deliberato il Magno, et Onnipotente Dio procedere oramai contro di lei per la via della Giuftizia. Et perchè, come abbiamo detto, la Mifericordia, et la Giuftizia fempre fono unite in tutte le Opere Divine, tanta è ftata la fua bontà, che per fare al Popolo fuo Giuftizia con Mifericordia manifeftò a Vno fuo inutile Servo tra gl' altri, quefto Sacramento: cioè che intendeva reformare la Chiefa fua mediante un gran Flagello; Il quale Sacramento quefto Servo inutile per infpirazione, et comandamento di Dio, già fono paffati quattro anni cominciò a Predicare nella Città di Firenze. Nel qual tempo non hà mai fatto altro che gridare per condurre gli huomini a penitenza. Teftimonio di quefto è tutta la Città, teftimoni li Nobili, et teftimoni gl' ignobili, huomini, et Donne, piccoli, et grandi, Cittadini, et Contadini: Tra i quali pochi credevano, altri non credevano, altri fe ne facevano beffe. Ma Dio, che non può mentire, hà voluto verificare le fue parole, et non ha fatto venire ogni cofa a punto come Lui fece prenunziare infino a queft' ora prefente, acciocchè gli huomini intendino che quello, che non è ancora venuto, et ftato prenunziato, verrà fenza dubbio in quel modo che è fta-

altre Creature: cioè che la Misericordia, et la Giustizia sempre vanno insieme, benchè abbino diverse condizioni, et diversi effetti: Perocchè alla Misericordia appartiene pazientemente tollerare gli Peccati, longanimemente aspettare i Peccatori à penitenza, suavemente chiamargli, et a se tirargli dolcemente, poichè sono venuti, abbracciargli, clementemente perdonargli, benignamente giustificarli, largamente magnificarli nella sua Grazia, et copiosamente glorificarli nell' infinite Ricchezze della sua Gloria. Alla Giustizia appartiene, poichè pazientemente hà tollerato il Peccatore, et longanimemente aspettatolo, et soavemente molte volte chiamato, non essendo voluto venire, privarlo della sua Grazia, torgli le Virtudi, subtrargli la sua Luce, obtenebrargli l' Intelletto, lasciarlo cadere in ogni precipizio di Peccati, fargli cooperare ogni cosa in male, et finalmente punirlo nel supplicio dell' Inferno senza fine. Avendo dunque l' immensa Bontà di Dio amatrice degli huomini pazientissimamente tollerati gli gravi Peccati dell' Italia, et longanimemente già tant' anni aspettatola a penitenza, et suavemente innumerabil volte per molti suoi Servi chiamatola, et non havendo Lei voluto aprire le orecchie, ne conoscere la voce del suo Pastore, ne far penitenza degli suoi Peccati, anzi convertendo la pazienza di Dio in superbia, et moltiplicando ogni dì più l' offese, et aggravando
gli

gli suoi Peccati, non conoscendo, ne curando i Benefizj di Dio, anzi sprezzando il Battesimo, e il Sangue di Cristo, et facendo faccia di Meretrice, et la fronte dura come Adamante: hà deliberato il Magno, et Onnipotente Dio procedere oramai contro di lei per la via della Giustizia. Et perchè, come abbiamo detto, la Misericordia, et la Giustizia sempre sono unite in tutte le Opere Divine, tanta è stata la sua bontà, che per fare al Popolo suo Giustizia con Misericordia manifestò a Vno suo inutile Servo tra gl' altri, questo Sacramento: cioè che intendeva reformare la Chiesa sua mediante un gran Flagello; Il quale Sacramento questo Servo inutile per inspirazione, et comandamento di Dio, già sono passati quattro anni cominciò a Predicare nella Città di Firenze. Nel qual tempo non hà mai fatto altro che gridare per condurre gli huomini a penitenza. Testimonio di questo è tutta la Città, testimoni li Nobili, et testimoni gl' ignobili, huomini, et Donne, piccoli, et grandi, Cittadini, et Contadini: Tra i quali pochi credevano, altri non credevano, altri se ne facevano beffe. Ma Dio, che non può mentire, hà voluto verificare le sue parole, et non ha fatto venire ogni cosa a punto come Lui fece prenunziare infino a quest' ora presente, acciocchè gli huomini intendino che quello, che non è ancora venuto, et stato prenunziato, verrà senza dubbio in quel modo che è sta-

to

to detto, et di questo ancora ne son Testimoni tutti quelli che abbiamo nominati di sopra. Et benchè il Servo inutile non nominasse mai la tua Corona, non essendo la Volontà di Dio, che ancora lei fosse nominata, nientedimeno Essa era quella, la quale lui nel suo predicare intendeva, et latentemente accennava, et la quale finalmente si aspettava. *Itaque tandem advenisti o Rex, advenisti Minister Dei, advenisti Minister Justitiae.* Dico che finalmente tu sei venuto o Rè, tu sei venuto Ministro di Dio, tu se venuto Ministro della Giustizia. Noi ti riceviamo col cor giocondo, et con la faccia lieta. La tua venuta ha letificati i nostri cori, hà esaltate le menti nostre, hà fatto rallegrare tutti gli Servi di Cristo, et tutti quelli che amano la Giustizia, et desiderano di ben Vivere: perchè sperano, che Dio per te abbasserà la superbia de' superbi, esalterà l' umltà degli humili, prosternerà gli vizj, esalterà le Virtudi, rindirizzerà le cose torte, rinnoverà le antiche, et riformerà tutto quel che è deforme. Vieni dunque lieto, sicuro, et trionfante, poichè colui ti manda, che per nostra salute trionfò in su il Legno della Croce. Nientedimeno o *Rè Cristianissimo* attentamente ascolta le parole mie, et legatele al core. Il Servo inutile al quale è stato rivelato questo Sacramento, da parte di Dio, idest della SS. *Trinità, Padre, Figliolo, et Spirito Santo,* et del *Nostro Salvatore Gesù Cristo vero Dio*

Fi-

Figliol di Dio vero Uomo, Re de' Rè, Signore de' Signori, et di tutta la Corte Celestiale, Te da Lui mandato esorta, et ammonisce, che a similitudine sua Tu faccia in ogni luogo Misericordia, massime nella sua Città di Firenze, nella quale (benchè siano molti Peccati) hà però in lei molti Servi, et Serve così nel Secolo, come nella Religione, per i quali tu devi riguardare la Città, acciocchè più quietamente possino pregare per te, et adjuvarti in questa tua Espedizione. Da parte di Dio ti esorta, et t'ammonisce il Servo inutile, che con ogni diligenza Tu riguardi, et difenda l'Innocenza, le Vedove, et Pupilli, et le miserabili Persone, et massimamente la Pudicizia præsertim dei Monasterj delle Spose di Cristo, acciocchè per te non si moltiplichino gli Peccati, i quali moltiplicando debiliterìano le forze della gran potenza, che lui ti hà data. Da parte di Dio t'esorta, et t'ammonisce a perdonare l'Offese, cioe, che se dal Popolo Fiorentino, o da altri Popoli tu sei stato offeso, volentieri tu inclini l'animo a perdonare, perchè ignorantemente hanno peccato, non sapendo Te esser mandato da Dio Ricordati del tuo Salvatore, il quale pendendo in Croce perdonò a' suoi Crocifissori. Le quali cose se tu o Rè farai, Dio dilaterà il tuo Regno temporale, et daratti Vittoria in ogni luogo, et finalmente ti darà il Regno perpetuo.

DISCORSO INEDITO DI FRANCESCO GVICCIARDINI

Circa alla Riforma di Firenze fatto a Papa Clemente dopo l' Assedio.

A dì 30. Gennajo 1731.

DISCORSO
DI FRANCESCO GVICCIARDINI.

ANcora che in chi hà discorrere dello Stato di Firenze cessi la prima difficoltà, che sogliono avere i Fisici, cioè il non conoscere la Natura del male, nondimanco è materia molto difficile il potere nella mala disposizione di quest' Infermo accomodare remedj, che giovino a una cosa, et non offendino un' altra non meno sustanziale. Non è per questo che chi n'è padrone debba differire il risolversi, perchè l'indugio accresce la difficoltà, et manco debbe pigliar partito di abbandonarlo, perchè in questo non è fine nessuno, se non dannoso e disonorevole.

Le difficoltà principali mi pajono due: La prima, che questo Stato hà alienissimi da se gli huomini della più parte della Città, i quali in Vniversale non si possono guadagnare con qualunque maniera di dolcezza, o di benefizj; La seconda, che il Dominio nostro è qualificato in modo che non si può conservare senza grosse Entrate, et il Nervo di queste consiste nella Città própria, ch' è tanto indebolita, che se non si cerca di augumentare quell' industria che vi è restata, ci caderà un

dì

di ogni cofa di mano. Però è neceſſario haver riſpetto aſſai a queſto, il quale hà impedito il potere uſare molti rimedi gagliardi, che erano appropriati alle prime difficoltà, et ſe queſta ragione non oſtaſſi, era da fare quaſi di nuovo ogni cofa; non eſſendo, nè utile, nè ragionevole haver pietà di coloro, che hanno fatti tanti mali, e che ſi sà, che come poteſſino, farebbeno peggio che mai; Ma quanto la Città hà più Entrate, tanto è più potente chi ne è Capo, pure che ſia Padrone di quella, et il diminuire ogni dì l' Entrate con eſenzioni ai Sudditi è male conſiderato; perchè in alcuni è inutile, eſſendo di qualità che importano poco; a'tri fono come i noſtri, che avendo per fine il governarſi da ſe, non ci diventono Amici; Per queſto gl' eſempli di quaſi tutti i noſtri Sudditi fono sì freſchi, che non accade replicarli, e ſe noi eravamo ſavi, gli Aretini ci havevano inſegnato a baſtanza, i quali noi andiamo ingraſſando, perchè alla prima occaſione ſi poſſino meglio ribellare, et ſenza dubbio lo faranno.

Ma per tornare al propoſito, parmi navicare tra queſte difficultà, ricordandoſi ſempre ch' è neceſſario mantenere la Città viva per poterſene ſervire, et quello che per queſto riſpetto ſi degnaſſi riſervare ad altro tempo, fuſſi dilazione et non oblivione, cioè non mancare mai di camminare deſtramente a quel fine che

che l' Vomo fosse una volta proposto, e intratanto non perdere occasione alcuna di stabilire bene gli **Amici**, cioè di fargli partigiani, perchè come gli Vomini sono ridotti quì, bisogna vadino da se medesimi, e proponghino, e riscaldino tutto quello che tende a sicurtà dello Stato, non aspettando di essere invitati, come forse si fà ora.

E' vero che gl' Amici son pochi, ma sono in luogo, che se non sono totalmente pazzi, conosceranno non potere stare a Firenze, non vi stando la *Casa de' Medici*, perchè non interviene a Noi, come a quelli del XXXIV. che havevano i Nemici particulari, et in tempo di XII., o XV. Anni restorno liberi dalla maggior parte di loro, habbiamo per inimico un Popolo intiero, e più la Gioventù, che i Vecchi, in modo che ci è da temere per cent' Anni, in modo che siamo forzati desiderare ogni deliberazione, che assicuri lo Stato, et sia di che sorte voglia. Non hò già per sicuro fondarsi totalmente in questa necessità degl' Amici, che non si cerchi anche legarli con qualche satisfazione, acciocchè abbiano a desiderare la conservazione di questo Stato, manco per amore che portino, che per timore dell' altro, che fussi per venire; altrimenti non sò, se si facessi il conto bene, perchè la più parte degl' Vomini sono imprudenti, et quando non si trovino satisfatti in qualche parte di quelchè conviene, lo sdegno,

gno, la mala contentezza gli fà defiderare quello che fpeffo è la loro rovina, o almanco diventano fieddi, et non tengano cónto delle Cofe, le quali chi indugii a ordinare, quando vede il pericolo in Vifo, non è a tempo, perchè è neceffario ufare diligenza in trattener-gli; et fodisfargli il più che fi può, non avendo in quefto, rifpetto a cofa alcuna, eccetto a quelle che di-fordinaffino l'altro Capo fuftanziale ch'io hò detto nel principio. Ma perchè in fatto, noi fiamo pochi in-ter tantos, è neceffario cercare compagni, e de' più qualificati, tali però che fi pofsino acquiftare, ne far tanto capitale del numero affai, perchè non ci è da pafcere tanti, quanto di perfone che importino; e cre-do che molti verrebbono a quefta via per tutte quel-lé Caufe, per le quali gli Vomini hanno a defiderare di effere in buon concetto di Chi regge, et tanto più quanto fi veniffe in opinione di avere a vivere in mo-do da tenere lo Stato.

E modi di fare una maffa ficura, e certa di Ami-ci Nuovi, e Vecchi non fono facili, perch'io non bia-fimo fofcrizione, e fimili intendimenti, ma non bafta-no: Bifogna fieno gl'Onori, e gl'Vtili dati in modo, che chi ne parteciperà diventi sì odiofo all'Vniver-fale, che fia forzato a credere non poter effere falvo in uno Stato di Popolo. Il che non confifte tanto in al-largare, o ftrignere il Governo un poco più, o man-

co,

co, in stare in sù i modelli vecchi, o trovarne de' nuovi, quanto in acconciarla in modo, che ne seguiti questo effetto; a che fà difficultà assai la povertà, e male condizioni nostre. E certo se le cose fussino governate con quella diligenza, e assiduo, e buono ordine, che le governorno i *Vecchi di questa Casa*, direi forse non essere necessario pensare ad altro, purchè chi distribuissi bene gl' Vtili, e gl' Onori, avvertissi a tutti i particulari, e sapessi far capitale d' ogni cosa, e pigliar bene tutte le occasioni, farebbe gl' effetti volessi, ma questa diligenza così minuta, non si può sperare nell' età del *Duca*, nella forma che hà presa la grandezza loro, nel non poter avere qualunque Forestiero, vi sarà intra notizia delle Case nostre, e però bisognerebbe ridursi a un modo, che in qualunque parte facessi per sè stesso gl' effetti buoni, et il ridursi a un modo che in qualunque parte facessi per se stesso gl' effetti buoni, et il ridursi totalmente a forma di Principato, non veggo dia per ora nè maggior potenza, nè maggior sicurtà, et è una di quelle cose che quando si avessi a fare, crederei che fusse necessario condurla con tempo, et non occasione, et in modo venisse quasi fatta per se stessa, et con proporzionare con la proporzione che si conviene le membra al Capo, cioè fare de' Feudatari per il Dominio, perchè il tirare ogni cosa per se solo, farebbe pochi Amici.

Et

Et come questo si possa fare al presente, senza disordinare l' Entrate, e senza scacciare l' industria della Città, io non lo veggo in questa scarsità di partiti; Ma occorreva, che spento il modello de' Consigli, e di quelle chiacchiere vecchie, s' eleggesi per ora una Balìa di 200. Cittadini, non vi mettendo dentro se non persone confidate, o da acquistare, da questi si cavassino 60, o 80 con quell' autorità o più, o manco, che avevano già i sessanta, et a questi oltre l' adoperargli, e fargli il membro principale dello Stato, si dessi l' anno dal pubblico una provvisione di 150, o 200 Ducati per uno, che gli metterebbono tutti in tant' odio, che non si potrebbe mai purgare, e gli eleggerei con disegno fussino perpetui, ma farei forse la prima elezione per due, o tre anni, per tenere pure gli Vomini con qualche freno, et per lasciare indietro di tempo in tempo quelli, che alla giornata non si mostrassino pronti a benefizio dello Stato. Darei loro divieto da tutti gl' Offizi di fuora, eccetto Ambasciatori, e Commessari, et questo perchè agl' altri Amici restassino tanto più Vffici di utilità, acciocchè con questa satisfazione, et con la speranza di poter entrare nel predetto numero, quando ne vacherà, stessino ancora loro contenti; Ne è inconveniente, che come gli Vomini sono diversi di qualità, sieno anche dissimili di Gradi, e d' Onori, anzi è proprio degli Stati stretti;

et

et però con le pratiche, e comodi simili, cioè con più adoperargli, honorerei anche più quelli del primo numero, che fussino di più qualità, perchè dove non è distinzione non può essere satisfazione; Crederei che modo simile sforzassi gl' Amici ad essere caldi, e facessi desiderare a molti di essere Amici, et che alla giornata crescessi da ogni banda la fede, et l'amore, le quali cose se non s'incarnano bene, non sò che farà alla alla fine di Noi, e se questa disposizione non può venire fatta in un dì, assai è che una volta si dia principio a entrare sù la strada di far bene.

Quando questo modo piacesse peraltro, saria difficultà la povertà del Pubblico, al quale non si può far peggio, che gravare le spese, pure farebbe se si potesse riserrare quell' altra uscita, tanto che senz' accrescere le spese si cavasse quest' assegnamento, et quando a Nostro Signore costassi qualche cosa l'anno, non doverebbe ritrarsene, benchè l'ajuto di Sua Santità non vorrebbe esser volto per assegnamento a questo, perchè bisognerebbe che questi Salari uscissino direttamente dalla Città per far più odioso chi ne havessi.

Certo è che se gl' Uffizi tutti si distribuissino a mano con la diligenza, et considerazioni debite, se ne farebbe più frutto, che rimettergli alla sorte, ma non si può sperare, perchè è impossibile resistere ogni dì alle spezialità, et importunità degli Uomini, e forse non

DISCORSO DI CARLO VIII. RE' DI FRANCIA DI GIROLAMO SAVONAROLA, quando fù spedito a Pisa Ambasciatore per la Repubblica Fiorentina. 61.
DISCORSO INEDITO DI FRANCESCO GUICCIARDINI, circa alla Riforma di Firenze fatto a Papa Clemente, dopo l'Assedio a dì 30. Gennajo 1531. 69.

CPSIA information can be obtained
at www.ICGtesting.com
Printed in the USA
BVHW061755300121
598874BV00008B/657